談笑間玩轉天下
最是無情帝王家

歷史處處是懸疑

趙逸君 主編

序　言

　　中國歷史自黃帝時代起算，至今約有4700多年。在漫長的歷史長河之中，飽經風霜的華夏民族，以其堅毅睿智的精神、聰敏廣博的智慧、勤勞實幹的雙手，織就了一幅幅風華絕代的畫面、一卷卷精彩紛呈的篇章。

　　縱向觀閱，可覽秦皇氣概、大漢胡風、唐代雍容、宋世卓姿、明時風月、清朝雄渾。從風雲驟起的長安古城，到瀲灩波光的杭州湖畔，從莊嚴威武的紫禁之巔，到容納海外的廣州海灣，無一處不留下了中華歷史的印痕，令世人領略東方中土的魅力。橫向探索，無數帝王將相縱橫捭闔，建立不朽功勳；無數蓋世豪傑橫空出世，留下千古傳奇；無數奇人異士、才子佳人潛行於世，演繹世態繁華、悲歡人生。

　　在這裡，無論是一個時代，還是一段奇緣，又或是一處半壁殘垣，一處古墓深山，他們都是中華五千年瑰麗詩篇的組成部分，在為世人呈現奇趣劇目的同時，也留下了無數難以道清說明的歷史謎題。時人皆知，越是悠遠的歷史脈絡，越是廣大的土地山河，因為難以處處照看，細細研究，所以才越發顯得像謎一樣，令人觀之心生樂趣，想要拆解其中疑竇。中國的歷史就是如此害羞，不輕易揭開自己的層層面紗，叫人想要探個究竟。

　　秦始皇奇貨可居的身世、項羽火燒阿房宮的真相、西施玉環的下落疑點、嵇康被殺原因、武則天立無字碑的目的、「燭影斧

聲」與宋太祖死因、和親政策背後的政治目的、外戚亂政的實質、樓蘭古國沈沒因由、桃花源仙境身在何地、水滸紅樓作者今何在……一個個未解懸案、一串串歷史怪圈，伴隨著華夏千年的演進，牽涉中土上下內外，推動歷史的進程，激發著後人強烈的求知慾。

中國有著數千年難以讀懂的歷史，為了滿足人們對歷史的好奇心，增進世人對華夏史實的了解，本書綜合了大量歷史、地理、科研文獻資料，以全面、全新、探索的視角，從帝王、文臣、武將、文人、紅顏、政治、經濟、文化、科學、經濟、地域、考古、異趣、探祕等近二十個方面，甄選600多個重大的歷史事件，經由深刻精確的分析，力求達到去偽存真，求得事實的真相，解讀歷史的規則。

全書涉獵範圍廣泛，內容深淺合宜，情節充滿軼趣，語言生動活潑，可以幫助讀者掌握研究歷史和探求真相的方法，從中獲得探索發現的規律，引發深層次的解讀思考，擴大視野，重塑歷史觀念。讓讀者在懸疑叢生的史海當中，感嘆世間的玄妙，真正體驗閱讀的快感，感受靈魂深處的酣暢。鑒於時間倉促，書中恐有疏漏之處，懇請讀者朋友批評指正。現在，就讓我們一起登上歷史的車駕，開始一場千年之旅，領略史海深處的風光。

君王篇　最是無情帝王家

Contents

文臣篇　談笑間玩轉天下

武將篇　揮刀立馬忠國魂

文人篇　孤傲書生黯銷魂

君王篇

最是無情帝王家

商紂王真的是無能之輩嗎

家喻戶曉的《封神演義》講述了一段在武王伐紂的歷史背景下，正邪鬥法，神妖混戰的神話故事，這一故事在民間廣為流傳。書中的主要人物商紂王是人人恨之入骨的殘暴君王，他好酒、淫樂、寵妲己，甚至建酒池肉林，奢靡腐化，殘忍暴虐，荼毒四海，不敬祖先，親奸佞遠賢臣等等，罪行罄竹難書。最終，牧野之戰將士們臨陣倒戈，失去民心、軍心的暴君商紂王被武王所打敗，一把火將自己燒死在宮殿之中。

然而，歷史上的商紂王和傳說充滿了矛盾。

紂王名字中的「紂」其實是「殘義損善」的意思，這也是後人對他的貶損評價。

《史記·殷紀》記載：「帝紂資辨捷疾，聞見甚敏，膂力過人，手格猛獸，知足以拒諫，言足以飾非，矜人臣以能，高天下以聲，以為皆出己之下……」由此可見，商紂王是個有文武才能的人，不僅才思敏捷，勇力過人，而且還頗有辯才。

郭沫若主編的《中國史稿》說：「……對東夷用兵，費了很大的力量，打退了東夷的擴張，俘虜了『億兆夷人』，作為自己的軍隊，紂對東夷的經營，使以後中原文化逐漸發展到了東南，對我國歷史有一定貢獻。」

從《史稿》這段話中，我們可以看出紂王不是只知吃喝玩樂的無能之輩，紂征東夷，使商的疆域擴張到東南，中原和東南一

帶的交通得到了開發，中原先進文化逐漸傳播到了東南地區，讓當地人民利用優越的自然地理條件發展了生產。然而後世幾乎只談論商紂王的殘暴荒淫，卻大大抹殺了他的歷史功績。

孔子的學生子貢曾對商紂王是否確實殘暴提出過質疑，在他看來這是有心之人故意將罪行加註在紂王頭上。

近代一位著名的歷史學家在考察這一問題的時候，發現紂王的罪行隨著時間的推移，越來越多。也就是說這些罪行是後人編造的，真實性和可信度都大打折扣。

那麼，為什麼要刻意醜化商紂王？

懷疑的學者們認為有以下三個原因。

一、是他的政敵別有用心的宣傳。如奢靡腐化、殘暴荒淫、鎮壓反叛、翦除異己等等，這些是很多帝王的共性，並非是紂王獨有。但是這些劣行表現在商紂王身上卻是如此的駭人聽聞、令人髮指。

二、是將罪惡的源頭引到女人身上。妲己本是紂王剿滅蘇部落的戰利品，也是帝王的玩物，但後世卻認為「女禍亡國」。其實在男尊女卑的封建社會裡，本性凶殘的帝王我行我素、獨斷專權，並不可能受女子所左右。

三、是為了抹殺紂王的歷史功績，這在上文中已經給予闡述，不難看出，紂王是文武雙全，功勳卓著的。歷史上真實的紂王究竟是什麼樣的，這些在目前還沒有明確的定論，還有待後世之人進一步研究發現。

越王勾踐是否真的臥薪嘗膽

「有志者、事竟成，破釜沈舟，百二秦關終屬楚；苦心人、天不負，臥薪嘗膽，三千越甲可吞吳。」

對於蒲松齡的這段話，大多數人都不陌生，而這段話中「臥薪嘗膽」一詞更是家喻戶曉的經典成語。

春秋時期，越王勾踐在一次戰爭中被吳國夫差打敗，帶領所剩的五千兵馬逃到了會稽，還是被吳軍圍了個水泄不通。於是越王向吳國屈辱求和。在吳王的威逼之下，勾踐到吳國宮廷中服了三年的苦役，過著牛馬不如的生活。

勾踐被釋放回國之後，為了奮發圖強報仇雪恥，他睡覺躺在硬柴上，坐臥飲食都要嘗一下苦膽，告訴自己不能忘記國家破亡的痛楚，以激勵自己的勇氣和鬥志。經過幾十年的休養生息和不懈努力，他最終戰勝了吳國。

這就是我們今天所熟知的典故「臥薪嘗膽」的來歷。現在人們常用這個成語表達刻苦自勵、奮發向上的決心。

然而關於越王勾踐是否真的曾經臥薪嘗膽，卻是眾說紛紜。

有的說他從來沒有臥薪嘗膽過，有的說他「臥薪」而沒有「嘗膽」，那麼事實到底是怎樣的呢？難道這個流傳千古、帝王發憤圖強的典故，竟然是個欲蓋彌彰的大謊言？

《左傳》和《國語》是現存最早的記載吳越爭霸和勾踐事蹟的歷史典籍，但這兩本史籍都沒有講到越王勾踐「臥薪嘗膽」的

行為。

到了西漢，史學家司馬遷在《史記‧越王勾踐世家》曾說：「吳既赦越，越王勾踐返國，乃苦身焦思，置膽於坐，坐臥即仰膽，飲食亦嘗膽也。」

但這段話中並未提到「臥薪」二字。那麼「臥薪」呢？司馬遷筆下的「苦身」是不是就是指的「臥薪」呢？可惜的是，司馬遷並沒有給出更為詳細的交代。之後的一些著作皆以先秦史料為基礎，對此沒有更深的描述。

而最先將「臥薪」「嘗膽」兩個詞連在一起使用的人是北宋的蘇軾。他在《擬孫權答曹操書》這一帶有遊戲色彩的書信中說：「僕受遺以來，臥薪嘗膽。」蘇軾在這裡指的是孫權，與越王勾踐完全無關。

真正將「臥薪嘗膽」用在勾踐身上並使之廣為流傳的是眾多的文學作品。明朝末年，梁辰魚在《浣紗記》中對越王勾踐「臥薪」「嘗膽」的事情進行了大量的描寫。

後來馮夢龍在其刊刻的歷史小說《東周列

越王勾踐

國志》中多次提到過勾踐「臥薪嘗膽」的故事。

　　清初的吳乘權也在《綱鑑易知錄》中寫道：「勾踐叛國，乃勞其凝思，臥薪嘗膽。」正是這些文學作品的描述，從此使越王勾踐「臥薪嘗膽」的故事家喻戶曉、廣為流傳，但其真實性還需進一步考證。

　　「臥薪」的記載最早出現在宋代，有些學者表示不能認同。他們認為東漢《吳越春秋》中記載越王勾踐「用蓼攻之以目臥」就是「臥薪」的意思。

　　所謂「蓼」清代馬瑞辰解釋為「辛苦之菜」。這種蓼菜積聚得多了，就成為「蓼薪」。勾踐那時日夜操勞，眼睛疲倦得想睡覺（目臥），就用苦菜來刺激。

　　「臥薪」與「嘗膽」分別是讓視覺和味覺感到苦。

　　後人把「臥薪」說成是在硬柴上睡覺，是一種曲解。

　　雖然要弄清楚「臥薪嘗膽」的真相頗費周折，但是相信謎團總有真相大白的一天。

秦始皇死亡之謎

公元前210年，千古一帝秦始皇死於第五次東巡途中。關於這位帝王的死因，歷史上爭議頗多。目前在史學界有兩種截然不同的觀點，一種說是死於疾病，另一種說死於非命。

第一種說法認為，《史記》中關於秦始皇死因的記述很多，死因已明，病死無可置疑。據《史記》記載，秦始皇從小就患有疾病，體質較為羸弱。可是他為人又剛愎自用，事無巨細都要親自裁決，所以工作極度勞累；加以巡遊中七月高溫，以上諸因素併發，促使他在途中病發身亡。

那麼他死於何種疾病呢？

郭沫若先生根據《史記‧秦始皇本紀》記載「秦王為人蜂准，長目，鷙鳥膺，豺聲，少恩而虎狼心……」推測秦始皇幼時患有軟骨症，又時常患著支氣管炎，所以長大後胸部和鷙鳥一樣，聲音好似豺狼，後來由於政務繁重，引發腦膜炎和癲癇等病症。秦始皇在渡黃河時，癲癇病發作，後腦殼撞在青銅冰鑒上，加重了腦膜炎的病情，人處於昏迷狀態；當車趕到沙丘後第二天，趙高、李斯才發覺秦始皇已死去多時了。

持第二種觀點的人，從幾篇有關秦始皇死亡情況的史書中推敲，發現了可疑之處，認為從宦官趙高在秦始皇病重和死後的種種表現，使人不得不懷疑秦始皇的死與他有莫大的關係。此次始皇出巡，隨從人員主要有趙高、李斯、胡亥等人，將軍蒙恬（又

叫蒙毅）也在隨行之列。

　　可是當秦始皇在途中病重時，蒙恬卻被遣返回邊關，從突然的人事變動來看，這似乎是趙高等人的計謀。大將軍蒙恬是公子扶蘇的親信，而突然間將其從秦始皇的身邊遣走，不僅去掉了扶蘇的耳目，也為自己後來計謀的實施清掉了一塊絆腳石。

　　隨後，趙高假冒秦始皇的旨意指責扶蘇為子不孝、蒙恬為臣不忠，讓他們自殺，不得違抗。在得到扶蘇自殺的確切消息後，胡亥、趙高、李斯這才命令車隊日夜兼程，迅速返回咸陽。

　　為了繼續欺騙臣民，車隊不敢捷徑回咸陽，而是擺出繼續出巡的架勢，繞道回咸陽。當時正值七月高溫，秦始皇的屍體在途中開始發出陣陣惡臭，為了掩飾屍體的味道，趙高竟然將鹹魚放在秦始皇的車上。回到咸陽後，趙高便開始對李斯下毒手，將李斯給逼死了。

　　然而趙高為什麼要謀害秦始皇呢？主要原因就是趙高唯恐扶蘇繼承王位。

　　趙高曾對李斯講：「長子（即扶蘇）剛毅而武勇，信人而奮士，即全必用蒙恬為丞相。」

　　可是蒙恬是扶蘇的親

秦始皇

信，趙高曾被蒙恬治罪而判死刑，後因秦始皇赦免，所以趙高對蒙恬恨之入骨，因此他不希望蒙氏爭寵，所以必須阻止扶蘇即帝位。但是秦始皇寵愛長子扶蘇，只有伺機殺掉秦始皇，才可擁詔立十八子胡亥。

秦始皇平時居於深宮，戒備森嚴，趙高根本無法下手，現在他在旅途中病倒，這真是天賜良機，正如趙高勸胡亥時所說：「狐疑猶豫，後必有悔，斷而敢行，鬼神避之，後有成功。」

所以他果敢地對重病中的秦始皇下毒手，提前結束其生命，這完全有可能。

秦始皇到底是病故、還是被害呢？

這兩種觀點，至今尚無定論。

不過，人們對解開此謎是充滿信心的。

根據考古研究和調查，秦始皇陵沒有被盜掘和破壞，再加之檢測出地宮中可能存在水銀，水銀形成的水銀蒸氣對遺體有冷凝防腐作用，所以秦始皇的遺體可能還存在。等到秦始皇陵發掘的時候，秦始皇死亡的原因就可以被世人所知曉了。

光武帝劉秀蒙受「不白之冤」

漢光武帝劉秀在東漢時期創造了「光武中興」的盛世局面，使得當時的政治、經濟、文化等獲得了一定程度的發展，在中國歷史上是一位稱得上有所作為的皇帝。然而如此勤政為民、為後世所稱讚的皇帝，在他的人生中也有不完美，居然被認為是貪圖酒色、濫殺功臣之人。

那麼歷史究竟如何？關於光武帝的「不白之冤」，要從與他有關的兩個戲劇入手來談。

一個是《上天台》。戲劇中說道，開國元勳姚期的兒子姚剛打死了仗勢欺人的國丈郭太師，而郭太師是劉秀寵妃郭氏的父親。劉秀念姚氏父子有功於國，於是便從輕發落，將姚剛發配湖廣，留姚期在朝中繼續為官。

然而郭妃覺得不公正，為了給老爹報仇，於是便設計將劉秀灌醉，劉秀醉酒後聽信郭妃的讒言，錯斬了姚期。因此，劉秀貪圖酒色、濫殺功臣的罪名就被世人所流傳。

另一齣戲是《打金磚》（又名《蘭逼宮》或《二十八宿歸天》）。姚剛將國丈郭太師打死後，姚期便綁子上殿請罪。可是不巧的是劉秀喝醉了酒，於是便傳旨立即將姚期滿門抄斬，文武百官驚恐，都上殿保本，也被一併殺害。

後來開國功臣馬武手持金磚闖入後宮，威脅如不改旨意就要拍死劉秀，劉秀被迫答應赦免姚期，可是為時已晚，於是馬武就

用金磚擊頂自殺身亡。劉秀酒醒之後，愧疚難當，加上陰魂現身索命，一命嗚呼。

上面兩則戲劇，儘管劇中主要人物都是歷史上的真實人物，但戲中所演故事和人物性格，都和真正的歷史不相符合。

首先，戲中說劉秀寵愛郭妃，稍通曉歷史的人都知道這並非事實。劉秀一輩子只有三個女人：陰麗華、郭聖通和「無寵」的許美人，而他一生只愛陰麗華一個女人。

劉秀長期征戰，身邊沒有一個女人，與陰麗華初次見面時，他發出感嘆，「娶妻當得陰麗華。」

幾年之後，劉秀終於如願以償，娶陰麗華為妻，那時劉秀已經28歲了。可是後來因為政治上的一些原因，劉秀不得不娶郭聖通。劉秀稱帝後，本想立陰麗華為后，但是陰麗華堅決推辭：「困厄之情不可忘，而況郭貴人已經生子。」

他不得已才立郭聖通為皇后。此後，劉秀每次出征都將陰麗華帶在身邊，盡可能減少陰麗華獨自在宮中的機會，避免皇后的輕慢。最終，劉秀還是廢除了郭聖通，立已經40歲的陰麗華為皇后。

劉秀先於陰麗華去世，陰麗華死後，與劉秀合葬在他的陵寢之中。不得不說，光武帝劉秀是個痴情的帝王，怎會因貪圖美色而枉殺忠臣呢？

其次，光武帝劉秀是東漢

光武帝劉秀

025

「中興明主」。他與臣子之間的關係是非常和諧的，他對功臣是從不猜疑的。《後漢書》中曾稱讚他「明慎政體，總攬權綱，量時度力，舉無過事。」

當時的大將馮異，手握重兵，專守關中，獨當半壁江山。因此有人上奏章說他「專制關中，斬長安令，威權至重，百姓歸心，號為『咸陽王』。」

當時馮異感到十分恐慌，於是上書謝罪，而光武帝卻對他說：「將軍之於國家，義為君臣，恩猶父子，何嫌何疑，而有懼意？」還有大將朱鮪，曾對抗過劉秀的軍隊，而且參與過謀殺劉秀哥哥的活動。光武帝稱帝後派人說降：「舉大事者不忌小怨，鮪今若降，官爵可保。」朱鮪降服於劉秀後，光武帝拜他為平狄將軍，封為侯爵，傳封累世。

可見劉秀是明事理之君，同時也是愛才之人，並不會因為奸佞之人的挑撥而誅殺忠臣。

那麼光武帝劉秀為何會蒙受「不白之冤」？其實這與那些戲劇產生的歷史背景有一定關係。《上天台》、《打金磚》等戲取材於《東漢演義傳》，是明朝萬曆年間學者謝詔所作。

明朝初年，朱元璋大肆誅殺有功之臣，導致很多士人不滿，可是礙於法律森嚴，人們只能敢怒而不敢言。到了明朝中後期，法禁稍微有所鬆弛，於是一些文人志士便採取移花接木的手法，用前朝皇帝為主人公，編成小說，借古諷今。這樣既可以避免當時朝廷的追究，又可以抒發心中鬱結之氣，於是文人們就根據演義故事，發揮想像，扭曲了劉秀的真實歷史，編造出了上面的戲劇。

劉禪並非「扶不起來的阿斗」

劉禪，小名阿斗，是三國時期劉備的長子。公元223年劉備病故，劉禪繼位，史稱劉後主，在位41年，後被魏國滅亡。

在後世眼中，劉禪的形象始終是碌碌無為的庸主一個，更有甚者稱之為「亡國之昏君，喪邦之庸人」。現在人們口中所說的「樂不思蜀」「扶不起的阿斗」都是從劉禪身上出來的。

然而劉禪真的是「扶不起來的阿斗」？

近些年來，一些學者們對此提出了質疑。假若劉禪真是扶不起的阿斗，如此昏庸之輩又何以在位41年？因此認為劉禪雖沒有雄才大略，可也談不上是十足的昏君。

劉禪能領導蜀國41年，其實還是有他的過人之處。在劉禪漫長的政治生涯中，曾有諸葛亮、蔣琬、費禕、姜維等大智大勇之人相繼輔佐過他，生活在劉備、諸葛亮這樣巨星環繞的環境裡，劉禪即使是有光也發不出來了。

《三國志》記載，劉備臨終前曾囑咐劉禪：「汝與丞相從事，事之如父。」所以諸葛亮在世時，劉禪對他就十分敬重，視孔明如父，委以諸事，不加干涉，基本上都是「就按丞相說的辦吧。」後來諸葛亮要北伐，劉禪即使自己在心中對諸葛亮窮兵黷武的一味北伐有成見，但也都憋在心裡不說，充分體現了他嚴格執行劉備的教導以及對長輩的尊重。

從這件事上，我們還可以看出，劉禪不和諸葛亮爭執，其實

一直都是在保持統治階級內部的穩定，從而最終得到實惠的還是平民百姓。諸葛亮去世後，劉禪仍能繼續領導蜀國30年，休養生息，無為而治。就單憑能讓皇權維持這麼長時間，而又沒出什麼大亂子這一點看，劉禪並非如史評的那麼昏庸。

再看中國歷史，人們都知道中國歷代末代帝王，幾乎都是橫徵暴斂、政治腐化、宦官專權、戰爭不斷、民不聊生。可是劉禪沒學他們，至少在他的統治下沒有民不聊生。同劉禪相比較，南唐後主李煜除了會寫詩詞之外，估計連阿斗的一半都不如。

劉禪生活腐化時，學者周譙和老臣董允上書勸諫，劉禪最多也就是無可奈何，而不是一怒之下大開殺戒。後主劉禪可能是中國歷代帝王裡，對大臣動刀最少的一個了，這點非常難得。

易中天在他的著作《易中天品三國》中也認為扶不起的阿斗其實很聰明。「諸葛亮去世以後，劉禪立馬廢除了丞相制度，命蔣琬主管行政，命費禕主管軍事，將原本集權於諸葛亮的權力一分為二，讓兩人相互制衡。蔣琬去世後，劉禪乾脆自攝國政。」

劉禪

在易中天看來，劉禪分權制衡的方法是十分明智的，而且這也不是一般人可以想出來的辦法。

公元263年，當魏國三路大兵兵臨城下的時候，劉禪選擇了投降。雖然大多數人覺得這是因為劉禪懦弱、愧對列祖列宗，但從另一個角度看，劉禪此舉是為了讓百姓免受戰火之苦。

投降魏之後，劉禪便被世人嘲笑為「樂不思蜀」。作為一代君王，即使再昏庸也不該愚蠢到這個地步。其實，劉禪是通過超高水平的偽裝讓晉公司馬昭放棄警惕而已，明哲保身，躲開殺身之禍，畢竟留得青山在不怕沒柴燒。然而在這樣的偽裝背後，每當想起西蜀的那片土地，想起父親的亡靈，劉禪又為此流下了多少次眼淚？他的各種傷感又有誰人知曉。

劉禪領導的蜀國一直處於弱勢，然而卻能在亂世中存在了41年，這又豈是扶不起的阿斗所能為之？

蕭衍為何餓死宮中

南北朝時期，天下混戰，百姓生活困苦、民不聊生。佛教在這一時期傳入中國，並在一片混戰的局勢中迅速傳播開來。佛教不僅在民間傳播，更被當時的帝王所推崇，梁朝梁武帝蕭衍就是一個典型。

蕭衍，曾任齊國雍州刺史，鎮守襄陽，後乘內亂，起兵奪取帝位，建立梁朝。蕭衍奪取帝位後，勵精圖治，南梁初期社會獲得了比較好的發展。

但是這種局勢並沒有維持下去，梁武帝安頓好江山社稷，消除種種後患之後，很快便沈溺於佛教中不能自拔。他下令廣建寺廟，全民奉佛，並親自主持修建了大愛敬寺、大智度寺、同泰寺等，耗費無數錢財，座座都規模宏大，極盡華麗。在他的帶動下，舉國上下爭相修造，到處都是寺院。他還下詔優待僧尼，出巨資資助各地僧尼研習佛法、聚眾講經。不僅如此，梁武帝還身體力行、率先垂範。

公元527年，蕭衍捨身進入同泰寺，當了三天和尚，回宮後，下令大赦天下，並改元大通。公元529年，蕭衍第二次進入同泰寺，這一次他脫下御衣袞服，在寺中沐浴洗去凡塵後穿上法衣袈裟，長住於寺中，自號三寶奴，並親自主持法會，向五萬善男信女講解《涅槃經》。

蕭衍執意要出家，朝中大臣十分惶恐，便一起跪於同泰寺外

梁武帝蕭衍

反覆磕頭，叩請皇帝還宮理政。在寺中和尚的勸請下，他才極不情願地回到朝廷。然而蕭衍極度迷戀佛教，反覆四次捨身寺院。可是就是這麼一個崇信佛教的皇帝，最後卻餓死於內宮，不禁讓人驚詫萬分。

梁武帝早年無子，於是便過繼侄兒蕭正德為嗣子做太子。可是後來梁武帝生了個兒子，取名蕭統，隨即被立為太子，而侄子蕭正德被改封為西豐侯。這讓蕭正德心裡憤憤不滿。加上後來梁武帝一心崇佛，荒廢朝政，於是蕭正德便勾結侯景發動政變，這就是所謂的侯景之亂。

侯景原來是東魏大將，因與政敵高歡不合從而轉投梁朝。侯景本是奸詐小人，眾人勸阻梁武帝且不可用，而武帝執意接受侯景來投，並授他為大將軍、封河南王、督河南諸軍事。侯景看到皇族矛盾重重，認為有機可乘，於是同蕭正德勾結起兵發動政變，答應事成之後讓蕭正德做皇帝。

最後叛軍攻進建康城，困住宮城，又引武湖水去漫宮城。梁武帝這位和尚皇帝被困在宮裡成為甕中之鱉，被侯景囚禁於台城淨居殿，不許人接近。剛開始的時候，侯景還派人送些粗茶淡飯給蕭衍吃，後來連粗食也不給他送了，這時蕭衍已經八十六歲，被囚困的時候仍然誦經念佛、齋戒不輟，由於沒有足夠的食物營養，便被活活餓死了。

一朝君王，竟然被活活餓死，下場可謂淒慘矣！

隋煬帝真是十惡不赦的暴君

隋煬帝楊廣是隋朝第二代皇帝，也是最後一個皇帝，年號「大業」。隋煬帝在位14年，最後死於部將手中，隋朝也被李淵所滅亡。煬是唐朝給予楊廣的謚號，《謚法》說：「好內遠禮曰煬，去禮遠眾曰煬，逆天虐民曰煬。」所以，千百年來，在世人眼中，隋煬帝已經成為商紂般的暴君人物。

隋煬帝自恃國富民強，好大喜功，在他即位後不斷發起戰爭，親征吐谷渾、攻打高句麗；而後又營建東都洛陽、開發運河、修築長城，造成天下死於役的慘象；幾乎每年都遠出巡遊，大肆營造離宮掠奪地方，造成社會生產力下降……

在很多人看來，隋煬帝是一個集中了人類所有邪惡品種的大惡人：淫蕩、貪婪、狡詐、陰險、自私、冷血、殘暴、血腥、昏亂……

他犯下了幾乎人類所有能犯下的罪行：「謀兄」、「淫母」、「弒父」、「幽弟」、「逆天」、「虐民」……

簡直可以說「罄南山之竹，書罪無窮；決東海之波，流惡難盡」。然而歷史真的是這個樣子嗎？隋煬帝真的是一個十惡不赦的大暴君嗎？讓我們撥開歷史的重重迷霧，重新認識楊廣的真實面貌吧。

從唐朝開始，就有歷史學家指出來，所謂的隋煬帝「好色、淫逸、淫母、弒父」這些罪名，絕大多數都是由野史作者們強加

在他頭上的，在正史中並沒有任何證據可言。假如仔細閱讀並且推敲史料，我們不難發現，其實楊廣原來是一個文武雙全，才華橫溢，戰功卓著，而且擁有雄才大略的勤奮敬業的君主。

楊廣14歲時，同江南的大貴族之女蕭氏結婚。一直到他去世為止，他們兩人始終相敬如賓、舉案齊眉。而且楊廣就只有三個兒子，像這樣感情專一的君主，就連歷史上有名的賢君估計都比不上。

隋文帝時，楊廣親自指揮完成祖國統一，「天下皆稱廣以為賢」，從而也結束了上百年來中國分裂的局面，使中國進入了和平、強盛的時代。

楊廣登基之後，一生勤於政事，可謂是宵衣旰食的工作狂。在楊廣看來，南朝滅亡主要的原因是「江東諸帝多傅脂粉，坐深宮，不與百姓相見。」因此在他統治的14年裡，除了待在宮裡的四年時間之外，其餘大部分時間是花在巡遊的路上。

隋煬帝在位期間修建南北「大運河」，將錢塘江、長江、淮河、黃河、海河連接起來，當時運河上「商船旅往返，船乘不絕」。大運河不僅使南方的物資能夠順利地到達當時的洛陽和長安，還加強了隋王朝對南方的軍事與政治的統治，同時南北方的文化交流也得到了有力的加強。如此浩大的工程，利於千秋萬代，隋煬帝為中國後來子孫萬代帶來了巨大的好處。

只可惜，這樣巨大的工程，實在是太勞民傷財了，隋煬帝也為此付出

隋文帝楊堅

隋煬帝楊廣

了巨大代價，導致身死國滅。

隋煬帝還創立科舉制，開設進士科，以考核詩賦為主，選擇「文才秀美」的人才。這種制度削弱了門閥大族世襲的特權，為選拔下層優秀知識分子提供了極好的機會，對後世產生了影響深遠。

除此之外，隋煬帝還掘長塹、置關防、開馳道、築長城、置糧倉，大修文治、制定新制度，方勤遠略威震八方等許多功績，這都是功在當代、利在千秋的大事業。

在其統治的前期，曾多次普免錢糧，連續四次大赦天下，可是國家的財富依舊是越來越多，人口也是不斷增長。《資治通鑑》也說：「隋氏之盛，極於此矣。」

以此看來，那些關於隋煬帝是十惡不赦的暴君的野史傳說，就顯得如此荒誕而不可信了。隋煬帝雖然也有不足之處，可是他的半生功業，卻很少被人所提起。平心而論，就隋煬帝在中國封建社會歷史上的建樹，他也可以堪稱是一位偉大的帝王。

這也給我們以啟示：在評論歷史人物時，不能只看其一，要正視歷史，功就是功，過就是過，功不折罪，瑕不掩瑜，最終我們要看他在歷史活動中有沒有推動歷史的進步。

唐太宗為何要篡改國史

　　唐太宗李世民是我國歷史上一位偉大的皇帝。在其統治期間內，他勤於政事，改革經濟，舉賢任能，體恤百姓，減輕刑罰，並且開創了「貞觀之治」的盛世局面，使得我國封建社會的發展達到了頂峰。

　　唐王朝高度先進的封建文化，也對亞洲各國甚至世界其他地區產生了重要影響。中國的絲綢、茶葉、瓷器、紙張等商品大量銷往波斯等亞洲國家，又通過這些國家銷往西方。

　　中國四大發明之一的造紙術，就是在貞觀時期傳到阿拉伯和印度，又通過阿拉伯傳到歐洲和非洲，對西方文化的發展產生了巨大的推動作用。漢文化對朝鮮、日本的影響更大。公元631年，日本派遣了第一批遣唐史，到中國學習。以後各種遣唐史和留學僧人不斷到來，他們吸收了唐朝的封建文化，大大推進了日本的封建化進程。

　　貞觀時期，強盛的唐王朝在當時的國際上也獲得了很高的聲望。中國使者、僧侶和商人的足跡遍布世界，直到今天，許多國家華人聚居的地方還被稱為「唐人街」。

　　因此，在後人眼中，唐太宗李世民就是中國歷代帝王的表率。但即使是這樣一位英明聖主，他的一生仍有很多瑕疵，「玄武門兵變」的歷史實情一直讓後人迷惑，而他後來的修改國史也讓人議論紛紛。

唐太宗

貞觀三年（公元629年），太宗下令在中書省特別設置祕書內省專門負責修撰前五代史。但是同年閏十二月，太宗又下令將史館移入禁中，設於門下內省北面，由宰相監修。

從此之後，史館成為皇帝直接控制的門下省的一個常設機構，不再具有修史職責而是專門負責修撰當朝國史。唐太宗究竟出於何種動機要重置史館，修改國史呢？這個問題迄今為止仍未有確定的答案，給歷史留下了一樁疑案。而後人對此也有自己的看法。

一種說法認為唐太宗修改國史，是為自己殺兄逼父篡位辯護。這種觀點認為，李世民的皇位並不是合法繼承而來，是其弒兄逼父的結果。這一行為不僅不合乎封建法統和封建倫理，而且在李世民自己看來，也是不能貽示子孫，垂為法誡的。

因此，為掩蓋這種殘暴的行為，為自己的登基確立合法性，李世民決定撰修國史，下令創立了宰相監修國史的制度，這就使史官很難做到秉筆直書，只能按統治者的意圖撰寫歷史。

036

李世民在位期間，曾不止一次違例要求親看國史和起居注，並稱是「使得自修改耳」。其實，作為帝王原本就是不可以隨便看史官寫的起居注的。

在李世民授意下，史官們把李世民發動「玄武門之變」的動因寫成「安社稷，利萬民」的大義行為，從而嚴重歪曲了歷史事實；在撰寫《高祖實錄》和《太宗實錄》時，費盡筆墨鋪陳李世民在武德年間的功勞，竭力抹殺太子李建成的事績，降低高祖李淵的作用，而且把太原起兵的密謀描繪為太宗的精心策劃，而高祖則處於完全被動的地位。

這樣，李世民便是開創李唐王業的首功之人，皇位本來就應該是他的，李淵退位後也就理應由他繼承皇位，因此，李世民登上皇位便顯得合理多了。

還有種說法認為，李世民之所以要修改國史，抬高自己在太原起兵中的地位，貶低李淵的功勞，乃是出於當時的政治統治的需要。他要求貞觀史臣把太原起兵中李淵由主動起兵變為被動起兵，目的是為了把李淵描繪成一個忠臣的形象，從而符合儒家的道德要求。

李世民將李淵描繪成是在隋煬帝要下令逮捕他、李世民和劉文靜等又設下圈套逼得他走投無路的時候才不得不反的形象，而且在起兵時李淵還曾號稱「欲大舉義兵，遠迎主上」。

這樣一來，李淵就成了大忠臣了。很明顯，這種刻畫有利於維護李世民的統治，防止人們以此為例，起兵謀反。

以上說法多是各家的推測，並沒有明確的史料依據。但是李世民繼位後修改創業國史是毫無疑問的事實。但是他為何要修改國史，其真正的目的究竟是什麼，我們今天已經很難判斷了。

武則天無字碑之謎

樹碑立傳是自古以來就有的慣例，歷代帝王更是不乏於此，然而武則天卻是一個例外。作為歷史上第一位也是唯一一位女皇帝，武則天在死後所樹的碑上「一字不銘」，給世人留下了「無字碑」之謎，千百年來引得人們紛紛猜測。

武則天和唐高宗李治的合葬墓乾陵在西安市西北80公里的乾縣梁山上。墓前有兩塊高大的石碑，西面一個是「述聖碑」，碑文由武則天撰文、唐中宗所書寫，主要是歌頌唐高宗在世時的功績。東面一個石碑由一塊巨大的整石雕刻而成，碑首雕有8條互相纏繞的螭首，並以雲龍紋裝飾，碑座則線刻駿馬飲水、雄獅、雲紋等紋飾。

可是令人奇怪的是，如此精緻的墓碑卻沒有碑刻。這就是武則天的「無字碑」。世人對此百思不得其解，人們紛紛猜測武則天立無字碑的原因，最主要的說法有三種。

一、「功德無量說」

說武則天認為自己功高德大，甚至於不能用文字來表達。在武則天看來，自己雖是女人，但自己的才能絕對高於高宗，她扶植寒弱，打擊豪門，發展科舉，獎勵農桑，在她的統治下社會安定，人民安居樂業。所以她認為自己政績斐然，彪炳史冊，功績遠非一塊碑文所能容納。因而，武則天留下空碑一座，以示自己功蓋過世。

胡戟在《我國歷史上唯一的女皇帝武則天》中也曾指出「這座名聞於世的無字碑櫛風沐雨，千餘年來昂然挺立，它似乎象徵著武則天對自己一生事業的信心，是有意留下空白，任憑世人評說吧！」

二、「左右為難說」

說武則天想到自己死後和高宗合葬，無論稱呼自己是皇帝還是皇后，都很難落筆。若碑文刻上「大周天冊金輪聖神皇帝」，這讓高宗情何以堪，而且李唐子孫定也不能接受；若刻「則天大聖皇后」，那

唐高宗李治

時對自己的貶低，而且武則天也確實做了16年「大周」皇帝。

所以她思前想後，最後決定「一字不銘」讓後人評說吧。還有說武則天改朝後內心愧疚不安，一心想在自己死後將江山歸還李氏。但由於自己稱帝的這段經歷，使她對自己死後的境遇沒有信心，更害怕世人責罵其篡位之罪，因而留下無字碑借以自贖。

三、「自知之明說」

說武則天一生聰明機警，常做驚人之舉，立無字碑，意在千秋功罪讓後人評說。這種說法與前一種說法恰恰相反。武則天忙碌一生，有值得肯定的一面，但是也有該否定的地方。面對錯綜複雜的政治局面，她能力挽狂瀾，顯示出了非凡的政治天賦。但是在其統治後期，政治卻日益腐敗；加之「篡奪王位」和民間所謂的「荒淫無度」，或許武則天也知道自己罪孽深重，碑文的褒貶對她來說都是難事，於是「立無字碑」是非常聰明的舉動，

武則天的無字碑

「是非功過」留待後人評說。

這三種說法似乎每一種都很有道理，至於哪一種說法是她的本意，現已無從考證了。

武則天立「無字碑」為後世出了難解之謎，讓世人為之猜測揣摩，卻不得其解。然而，值得一提的是，宋金以後，人們開始在無字碑上面添寫題刻，如今上面共有文字13段。

令人詫異的是，這些文字當中居然還有一種少數民族文字，而且長期以來一直沒有人能識別。後由金石學家、考古學家等發現其為早就滅亡的「死文字」——早期契丹文字。這一失傳的文字作為一份極為珍貴的文字史料被保留下來，不可否認這是武則天無字碑的一大貢獻。

唐玄宗為何被奉為「梨園領袖」

　　唐玄宗李隆基，是唐朝第七個皇帝，唐睿宗李旦第三子。因其謚號為「至道大聖大明孝皇帝」，故也稱為唐明皇。唐玄宗在位初年，社會安定，政治清明，經濟空前繁榮，呈現出「開元盛世」的繁榮景象。

　　然而許多人都不知道，唐玄宗和現在的戲班、劇團有著密切的關係。人們習慣上稱呼戲班、劇團為「梨園」，戲曲演員為「梨園弟子」，而唐玄宗卻被稱為「梨園領袖」。人們不禁要問，「梨園」是怎麼和戲曲藝術聯繫在一起？唐玄宗又是怎麼會成為「梨園領袖」？這還要和唐玄宗自身對音樂的喜愛有關。

　　唐玄宗酷愛音樂。他6歲的時候能歌舞，顯露出音樂資質。少年時就在府中自蓄散樂一部以自娛。他精於多種樂器演奏，如琵琶、橫笛等，羯鼓的演奏技藝尤為高超。唐玄宗還是一位少有的作曲大師，他一生中參與創作的音樂作品很多，其中大部分是器樂獨奏曲、合奏曲和大型歌舞曲。

　　唐南卓《羯鼓錄》曾說他：「若製作曲詞，隨音即成，不立章

唐玄宗

度，取適短長，皆應散聲，皆中點拍。」

　　唐玄宗前期，全國統一，經濟繁榮，文化昌盛，許多亞非國家的使臣、學者、商人紛紛齊集長安。在中外文化交流的影響下，唐朝的音樂得到空前的發展。在這個時候，唐玄宗對唐代的音樂制度也做了多次重大改革，調整了原九部樂、十部樂為坐、立部伎，促進了音樂藝術的發展與提高。

　　後來，唐玄宗又設立梨園，擴充教坊，培養了許多優秀的音樂藝人，同時吸收和容納外來音樂。對此，史料上有相關的記載。《舊唐書·玄宗本紀》記載：「玄宗於聽政之暇，教太常樂工子弟三百人，為絲竹之戲，號為皇帝弟子，又云梨園弟子。以置院近於禁苑之梨園。」《新唐書·禮樂志》則說：「玄宗既知音律，又酷愛法曲。選坐部伎子弟三百，教於梨園。聲有誤者，帝必覺而正之，號『皇帝梨園弟子』。」從此，在唐玄宗的帶領下，「梨園」成了唐代一個重要的藝術活動中心。

　　於是，後人們習慣上就稱呼戲班、劇團為「梨園」，戲曲演員為「梨園弟子」，而唐玄宗也因此被稱為「梨園領袖」。

　　對於梨園的性質，《辭海》中認為是「唐玄宗時教練宮廷歌舞藝人的地方」，《中國大百科全書·戲曲曲藝》中則說「唐玄宗時，宮廷內專門訓練樂工的機構」、「主要職責是訓練器樂演奏人員」。李尤白提出：「梨園」是既訓練演員，又肩負演出的「皇家音樂、舞蹈、戲劇學院」，為我國第一所綜合性藝術學院，李隆基是其院長，在他之下有編輯和樂營將兩套人馬。前者的職責類似現在的創作人員，後者相當於現在的導演和教師。

　　要是下次你去戲院、劇團看戲，可千萬別忘了咱們這位「梨園領袖」唐玄宗。

宋高宗為何不願迎回徽欽二帝

　　宋高宗趙構，是宋徽宗第九個兒子。靖康二年，金兵大舉南侵攻陷北宋都城汴京，北宋滅亡，宋徽宗、宋欽宗（宋高宗的父親和兄長）被掠。於是，趙構南遷臨安建立南宋，卻偏安一隅，成為歷史上乞和苟安的投降主義君王。

　　為什麼宋高宗願意苟且偷安，卻不願意北伐迎回徽欽二帝呢？其實高宗在位初期，原是起用抗戰派李綱為相，以宗澤為東京留守，發動軍民抗金。可是不久後，他罷免了李綱，啟用投降派黃潛善、汪伯彥，與金議和，把宋軍防線由黃河一線南移至淮、漢、長江一線，從而使抗戰形勢逆轉。

　　無論是現在還是過去，歷史學界普遍認為宋高宗趙構與金的議和，不願北伐迎回徽、欽二帝雪洗靖康之恥，主要原因是因為宋高宗趙構擔心自己皇位的正統性，害怕徽、欽二帝回鑾與

宋高宗

宋徽宗

他爭奪皇位。

對這樣的說法，有些學者提出了疑問。其實趙構擔心自己皇位的正統性的確不假，但是作為一個建立新政權（南宋）的皇帝來說，保住皇位會很難嗎？

在中國歷史上，遇上這樣的問題，最好的解決方法就是禪讓，唐太宗李世民就是最好的例子。

篡位的亂臣賊子都可以搞一個虛偽的禪讓儀式，來使得自己的篡位合法化，宋高宗為什麼不把二帝先迎回來控制在自己手中，搞一個皇權的禪讓儀式，這一切不都就完全正統合法了嗎？更何況宋高宗比那些賊子的合法性強多了。

所以趙構不願北伐，迎回徽欽二帝，可能不是我們想像的那樣簡單。

南宋政權實際上是在南方士族支持下建立起來的新政權，在這樣的政權中趙構的皇權權威是有限的，這與馬上打江山或者坐穩天下官僚系統齊備的皇帝相比較是有本質區別的。

這樣的一個皇帝，對於地方豪強來說，更多的只是一個牌位而已，象徵意義多於實際的權力。所以趙構雖然是皇帝，但他的權力與以往的君王是大大不同的。因此，對於他的行為，我們要深刻地體會他實際處於的權力環境。

趙構之所以能夠在南方建立政權，除了他在血統上的優勢外，更主要的是他能維持當時各個豪強之間的平衡。在此背景下，二帝如果被迎回，這樣的權力制約關係一定會被打破。二帝如是回到朝廷，趙構定能夠控制他們。但是若二帝到了某些居心叵測的軍閥或豪強手中，進而來個挾天子以令諸侯，問題就麻煩了，國內的政治平衡就會被徹底打破，內亂則不可避免。

在這樣的情況下，二帝的回歸已不再是趙構當不當皇帝的問題，而是妄想控制二帝的集團與其他擁立趙構的集團之間的內部矛盾了。即使是趙構自己不想當皇帝，那些擁護他的集團也是不允許的。成者為王敗者為寇，明代宗、英宗時的于謙就是最好的例子。

宋高宗趙構到底是怎麼想的？不論後世之人如何猜測，這最終的原因或許只有他自己心裡明白吧。

成吉思汗猝死六盤山之謎

一代梟雄成吉思汗，帶領蒙古族人四處征戰，是一個擁有雄圖霸業的征服者。毛澤東也稱讚其為「一代天驕」。

然如此偉大的征服者，在他死後也給後世留下許多未解之謎，吊足了無數人的胃口。其中，最具魅力的歷史懸念就是成吉思汗到底是怎麼死的？

公元1226年，成吉思汗親自率十萬大軍進攻西夏。公元1227年正月，蒙古軍隊包圍了西夏都城中興府。同年六月，成吉思汗到六盤山去避暑。西夏首都中興府發生了強烈地震，房屋倒塌，瘟疫流行糧食也沒有了，西夏國不得不向成吉思汗投降。然而就在西夏投降後，成吉思汗猝死在六盤山。

據明太祖朱元璋稱帝後下詔修改的《元史》記載：「秋七月壬（公元1227年）午，不豫。己丑，崩於薩里川啥老徒之行宮。」但是，這些文字看似言簡意賅，實則語焉不詳，因此後世一直不知成吉思汗到底是怎麼死的，於是世人紛紛猜測。關於成吉思汗的死因，後世大概有五種說法，且多與西夏有關。

一、「墜馬說」

這一說法記載於《元史》中，是幾種說法中最正統，也是最為多數人所知曉的。1226年秋天，成吉思汗帶著夫人也遂去征討西夏國。冬季時，在一個叫阿兒不合的地方打獵。不想騎的紅沙馬被一匹野馬驚著了，導致沒有防備的成吉思汗墜落馬下受傷，

當夜就發起了高燒。於是也遂便詢問隨從的將領該如何是好，有人建議反正西夏城池都在，一時半會也逃走不了，乾脆回去養傷，等好了再來攻打。

但是成吉思汗卻十分要強，害怕被西夏人笑話。加之正好西夏一叫阿沙敢不的大臣譏笑他，成吉思汗聽後，更加不願退兵，遂挺進賀蘭山，將阿沙敢不滅了。但此後，成吉思汗的傷病一直未好，反而加重，到1227年農曆七月十二終病死了。

二、「中毒說」

這種說法來源於《馬可·波羅遊記》。馬可·波羅是十三世紀意大利商人，於1275年到達中國，和元朝有過17年的交往。在其遊記日記中這樣記敘：成吉思汗在進攻西夏時圍攻太津（吉州，古要塞）時，膝部不幸中了西夏兵士射來的毒箭。結果可想而知，毒箭攻心，傷勢益重，一病不起。但是民間對「中毒」卻有另一種說法：成吉思汗是讓被俘虜的西夏王妃古爾伯勒津郭斡哈屯，在陪寢時下毒致死的。

三、「被刺說」

這種說法與上面被俘西夏王妃有關。說這位王妃，在陪寢的時候，乘成吉思汗放鬆警惕，刺死了他。這一說法源於清朝康熙元年的《蒙古源流》。此書是蒙古喀爾喀部親王成袞扎布進獻給乾隆皇帝的禮物。乾隆命人將其譯為滿、漢兩種文本，並題書名《欽定蒙古源流》，收入《四庫全書》。應該

成吉思汗臘像

說，這一說法也是具有很高的可信度的。

四、「被咬掉生殖器說」

這種說法，既未見於正史之中，野史也沒有相關記述，但卻在外蒙古人中流傳。這一風流事件也與西夏王妃有關。據說，這位王妃表面上雖臣服於成吉思汗，內心卻不忘國仇家恨、不甘受辱。在陪寢當晚，借行房之機，將成吉思汗的陰莖咬掉了。一個67歲老人哪經得起這樣的折騰，羞恨交加，遂致病重。因為這是一件發生在帝王身上的難以啟齒的特大醜事，就被瞞了下來，對外只稱大汗是墜馬受傷致病重。

這種說法雖然荒誕不經，但仔細分析還是有一定道理。若成吉思汗真是死於西夏王妃之手，那麼行刺和下毒都是不具備條件的，陪寢時乃裸體，何處藏帶兇器和毒藥？即使帶有兇器和毒藥，作為一個被俘之人也是要搜身的。在這種情況下，兩手空空的王妃最致命的暴力行為，自然是咬掉男人的要害處。

五、「雷擊說」

出使蒙古的羅馬教廷使節約翰‧普蘭諾‧加賓尼在其文章透露，成吉思汗可能是被雷電擊中身亡。「在那裡卻有凶猛的雷擊和閃電，致使很多人死亡。」因為這原因，蒙古人很怕雷電。南宋彭達雅所著《黑韃事略》記載，「韃人每聞雷霆，必掩耳屈身至地，若躲避狀。」但是這種說法並沒有直接的證據，比以上四種說法更為離譜。

朱元璋何須除去「小明王」

「小明王」韓林兒是元末大宋紅巾軍領袖。後人每每論及韓林兒的死因時，大多認定是由朱元璋設計所陷害，這似乎已成定論。

元至正二十六年（1366年），韓林兒應朱元璋的邀請，南下去往朱元璋的軍中，途中卻因為船翻而淹死江中。

據《明史．廖永忠傳》「初，韓林兒在滁州，太祖遣永忠迎歸應天，至瓜步覆其舟死，帝以咎永忠。及大封功臣，論諸將曰：『永忠戰鄱陽時，忘軀拒敵，可謂奇男子。然使所善儒生窺朕意，徼封爵，故止封侯而不公。』」此舉真如朱元璋所言，是廖永忠為邀功的擅自行動？後人聯繫朱元璋晚期大肆屠戮功臣的毒辣和殘忍，多認為「小明王」韓林兒是朱元璋命人害死的。

如此看來，這樣的推論也是順理成章的。可是，真的是朱元璋命人害死了韓林兒？這其中又有什麼緣由？有學者指出，「小明王」的死並不是朱元璋指使人陷害的。

元朝末年，政治腐敗民生哀怨，社會動盪，明教正利用這一點在廣大窮困農民間進行傳教，準備武裝起義。河北韓山童也是重要的祕密宗教領袖，廣招信徒，醞釀起事。然事情泄露，韓山童被殺害，他的妻子楊氏帶著兒子韓林兒逃脫。後韓林兒在劉福通的擁立下為小明王，國號宋，建立龍鳳政權。

朱元璋出自郭子興麾下，自屬紅巾一系，名義上確算韓林兒部下。不過天下大亂之際，群雄並起，這種名分上的歸屬並沒有

太大的意義。而朱元璋事實上也根本沒有對韓林兒稱臣，只不過出於戰略上的考慮，共用一個「龍鳳」年號而已。

《明史·太祖本紀》中有記載「檄子興子天敘為都元帥，張天、太祖為左右副元帥。太祖慨然曰：『大丈夫寧能受制於人耶？』遂不受。然念林兒勢盛，可倚藉，乃用其年號以令軍中。」

正當朱元璋穩扎穩打、事業蒸蒸日上的時候，曾經風光一時的韓宋卻是江河日下。元至正二十三年（1363年），張士誠遣部將呂珍圍攻安豐，劉福通只得向朱元璋求援。待援軍到達，劉福通已被殺。於是朱元璋在擊走呂珍後，「以林兒歸，居之滁州」。

若朱元璋真授意要殺韓林兒，那麼他早就應敢殺掉滅口，而暗殺這樣的做法實不合情理。再說劉福通既亡，韓林兒則只是一個普通人，對於朱元璋的妨礙，僅僅就是一個名分和「龍鳳」年號而已，這在亂世而言，構不成登基的阻力。第三，「林兒本起盜賊，無大志，又聽命福通，徒擁虛名」。韓林兒既無政治上的影響力，更談不上軍事上的號召力，戰亂之後，其教眾各奔東西，或各自有所歸屬，早已喪失了宗教上的凝聚力。朱元璋只要威逼利誘一下，就可讓韓林兒屈服，或不予理睬，直接將其撇到一邊，隨便封個王養起來也無不可，畢竟韓林兒連方國珍都不如，根本沒有翻身之術。第四，若朱元璋真的要除去他，也是很簡單的事情，完全可以做到不露痕跡，製造如此張揚的翻船「事故」實為畫蛇添足。

然事情的真相到底是怎樣的呢？在沒有新的歷史證據的情況下，恐怕這將會永遠是個謎吧！

朱元璋

建文帝生死下落之謎

明朝開國皇帝朱元璋死後，由於皇太子朱標於洪武二十五年先他而死，於是由皇太孫朱允即位，這就是建文帝。

由於太祖在世時實行分封制，各地藩王都強權在握，擁兵自重，這讓建文帝深感不安，於是採取「削藩」的建議，以鞏固皇權。諸王中燕王朱棣勢力最大，他擔心自己被廢，於是他老兄以討伐齊泰、黃子澄為名，起兵謀反，發動了歷史上有名的「靖難之役」。

這場戰爭持續了四年，後來朱棣攻陷了京師，即位為王，成了明成祖。就在朱棣攻入南京時，皇宮已是一片大火，建文帝下落不明。他究竟是生是死？生，又在何方？死，又在何處？明成祖朱棣對此總是放不下心，這事也幾乎成為他的一塊心病。

數百年來，建文帝的下落，也是一樁爭訟不決的歷史懸案。

有人說建文帝的一個太監穿了他的衣裳投身火海，做了他的替死鬼，而他自己乘機逃走了；有人說建文帝削髮出家，藏進了某個寺院中；還有人說他是從地道中逃走的，而且出走後故意放的大火。更有人發揮了這些說法：建文帝流落民間後，去了雲南，住在山中。建文帝出逃的協助者史仲彬後來還多次南下與他會面。而在後來的明英宗時期，建文帝還曾回到京師，住在宮內，壽終正寢。

這些傳說或真或假，難以斷定，或許只是人們的附會之言，

然而綜合各家說法，主要有「焚死」說和「逃亡」說。

　　一種說法認為建文帝是自焚而死的，據永樂年間修撰的《明太祖實錄》中記錄，建文帝死於宮中大火中。當時燕王軍隊兵臨城下，將宮城團團圍住，建文帝想逃也來不及了。建文帝深知他的四叔是個貪權尚武、殘暴無情的武夫，落到他手上就絕沒好下場，於是放火縱身火海之中。而朱棣也絕不能讓建文帝繼續活下去，否則，他就不能登帝位。

　　當燕王軍隊開進皇宮時，宮中已是一片火海，建文帝也沒了蹤影。但是為了不留下「殺侄奪位」的罵名，朱棣在發現燒焦的屍體時又假裝痛哭流涕，聲稱自己出兵只是為了「清君側」，輔佐建文帝。

　　仁宗朱高熾御製長陵碑也說，建文帝歿後，成祖備以天子禮儀殯葬。成為明成祖的朱棣後來在給朝鮮國王的詔書中說：沒想到建文帝在奸臣的威逼下縱火自殺。

　　但是，太監在火後餘燼中多次查找，找到馬皇后與太子朱文

朱棣

奎的遺骸，建文帝是活是亡無從得知。燕王為讓天下知建文帝已自焚，曾作有祭文，但其墳墓處於何處，無人可知。

　　明末崇禎帝就曾說過：想給建文帝上墳，卻不知在何處。可是朱棣即位之後，下令苦心搜尋建文帝的下落，建文帝到底下落如何，又如何說得清楚呢？

　　另一種說法認為建文帝「出逃為僧，流落民間。」在南京攻破之時，

建文帝曾經想過要自殺，但是在親信的勸說之下，從地道逃出了皇宮，從此削髮為僧，隱姓埋名浪跡江湖。在明成祖死後，他又回到京城，住進西內，死後葬於京郊西山。

其實朱棣登位後，一直不相信建文帝已經死了，曾多次派心腹大臣到處訪問。有人說永樂年間鄭和下西洋，其實就是明成祖暗中察訪建文帝下落的一種表現。而且明成祖還曾向天下寺院頒布《僧道度牒疏》，借機重新整理僧人的名冊，對當時所有的僧人進行了一次全方位的調查。從永樂五年起，還派人以尋訪仙人張邋遢為名到處搜尋，涉及大江南北，前後共二十餘年。

民間流言中，在許多地方都有建文帝的蹤跡與傳說。有的說建文帝逃到雲貴地區，而且輾轉到了南洋地區，直到現在，雲南大理仍有人以惠帝（建文帝）為鼻祖。

也有現代學者認為，當年建文帝潛逃後，曾藏於江蘇吳縣黿山普濟寺內，接著隱匿於穹窿山皇駕庵，於永樂二十一年在此病亡，埋於庵後小山坡上。

至於建文帝的下落到底如何呢？這答案或許早已隨著滾滾年輪，和曾經輝煌無比的王朝一起被埋入歷史的塵埃之中了。

明萬曆皇帝為何三十年不理朝政

明神宗萬曆皇帝朱翊鈞在位48年，是明代皇帝中在位時間最長的一位。可是萬曆皇帝剛主持朝政才十四年居然開始不上朝，從此之後的三十年裡不理朝政，不郊、不廟、不朝、不見、不批、不講。

作為一個帝王，上朝理政是分內之事，可是為什麼萬曆皇帝三十年不理朝政呢？有人說是朱翊鈞開始沈湎於酒色之中，也有人說他是染上鴉片煙癮。但更多的人則認為，萬曆是因為立太子之事與內閣爭執，才不出宮門，不理朝政的。

萬曆皇帝16歲的時候，太后、大臣們便給他選擇王氏和劉氏作為皇后和昭妃，然而叛逆的萬曆根本不喜歡這樣強加的婚姻，更不喜歡皇后和昭妃，於是對這兩個妻子十分冷淡。

萬曆20歲時，偶然臨幸一王姓宮女，後得長子朱常洛。在當時，正宮皇后沒有生出嫡長子的情況下，按慣例朱常洛應該立為太子。可是後來，萬曆遇到了自己心中的紅顏知己，一生最愛的女人鄭貴妃。鄭氏本是一個宮女，因容貌秀美，機智聰明得皇帝的喜愛，很快被封為貴妃。兩人相互封為知己，朝夕相伴，簡直一刻也不能分離。四年後，鄭貴妃生下皇三子朱常洵。萬曆皇帝愛屋及烏，對剛出生的孩子表現了極大的寵愛，直接將鄭貴妃晉封為皇貴妃，地位僅次於皇后。與此同時想將朱常洵立為太子。

萬曆這一想法遭到群臣的反對，大家認為廢長立幼是不合宗

法禮制的，為了社稷，堅持要立皇長子為太子。群臣的反對令萬曆招架不迭，只好極力鎮壓。於是把戶科給事姜應麟等強烈反對的大臣都貶了官、問了罪。後來慈聖太后知道了便對其進行質問。於是萬曆就將冊立太子的事推遲，採取「拖」的方法。

　　為立太子的事情，萬曆和他的全體朝臣相對抗，誰也壓服不了誰。這讓萬曆大傷腦筋，也大為惱火。後來萬曆採取不上朝的方法，同他的大臣們消極對抗。幸而官僚體制還起作用，就是沒有皇帝，內閣及部府仍然照常工作。有事陳奏上去，皇帝不批，就等於默認，便照章辦理。誰再說立太子的事，他就「留中」，讓疏文自動作廢，外間就無法知道真相了。

　　直到萬曆二十九年，萬曆怕自己一旦殯天，朝綱大亂，再加上其他一些原因，於是不得冊立朱常洛為太子，這場曠日持久的「國本」之爭終於結束了。

　　其實從深層次的原因來講，萬曆不上朝的主要原因是皇權與文官制度發生了劇烈衝突，皇權受到了壓抑，萬曆就是用消極的方式來對抗。

　　但是有兩點萬曆仍然值得肯定，其一萬曆皇帝並沒有因大臣與之作對甚至漫罵皇帝貴妃而殺掉一人，是相當寬仁的。其二不上朝並不是不辦公，萬曆年間的國家大小事情都是萬曆處理的，大的比如萬曆三大征，特別是明、日的壬辰戰爭一直在萬曆指導下進行。

朱翊鈞

崇禎帝死亡之謎

　　明末農民起義，李自成率領農民軍攻入北京後，崇禎皇帝朱由檢倉皇出逃，在煤山（今景山）東麓的一棵槐樹上自縊身亡。這或許是大多數人在歷史教科書上所學到的知識，但是崇禎皇帝真是縊死於煤山嗎？關於崇禎的死，歷來眾說紛紜，疑團不少，但也未取得一致意見。

　　有人認為崇禎自縊於巾帽局。《甲申傳信錄》卷一載：「上愴懼還宮，易袍履，與承恩走萬壽山，至巾帽局，自縊。」

　　這一記載很符合崇禎在農民起義的浪潮中，走上自戕之路的心理變化過程。崇禎剛愎自用，他的性格決定了他不會輕易投降，也不會輕易去死。於是在京城旦夕可破的情況下，他取太監衣帽化妝後，企圖逃跑，卻因守門士兵不知他是皇帝而被阻攔。逃跑不成，崇禎在太監的陪同下來到了巾帽局。李自成攻城之後，崇禎看大勢已去，這才自縊而死。

　　有人認為他自縊於今北海白塔山。《明孝北略》卷二十記載道：「手攜王承恩，入內苑，人皆莫知，上登萬歲山之壽皇亭……太監王承恩對面縊死。」

　　「萬歲山，金人名瓊花島，元至元四年築宮城，山適在禁中，遂賜今名。」顯然，這是認為崇禎自縊於今北海的白塔山。

　　還有人認為崇禎自縊於西山。《明亡述略》中記載：「丁未，內城陷，帝崩於西山。」從史料上看，大多數學者認為崇禎

是自縊於煤山的，但是到底是吊死在海棠樹下，松樹下，槐樹下，還是亭子裡，目前還不好下定論。

有人指出崇禎死於煤山槐樹上是不確實的。李自成率軍進入奉天門、佔據皇宮後，首要之事就是要找崇禎。然而農民軍在「大搜宮中不得」之後，乃懸重賞、申嚴誅：「獻先帝者萬金、封伯爵。匿者，夷其族。」

三日之後，才得到崇禎的遺體。景山本是皇室內苑，倘若崇禎就死在景山山坡如此明顯的地方，總不至於讓農民軍大張旗鼓地搜了三天才發現吧。

紅學專家俞平伯則認為，崇禎死在管園人居住的小屋裡的椽子下。崇禎「爬上煤山查看了外國來的大炮。他又給李自成寫了血書，要求他不要壓迫老百姓，不要再用那些不忠的官僚，然後就在管園人住的小屋裡的椽子上吊自縊了。」

《明季北略》記載，崇禎是自縊在海棠樹上。當時皇城內，海棠在巾帽局附近的回龍觀最盛。「回龍觀多海棠，旁有六角亭，每花發時，上臨幸焉」，可見明代皇帝對這一帶很熟悉，崇禎逃至此自縊也較為可信。

所以至此，認為崇禎皇帝吊死與煤山是較為合理可信的，但是具體自縊於何處，目前尚無定論，只能有待於史學工作者今後更嚴密的研究了。

朱由檢

明朝因崇禎辜負一票「忠臣良將」
而滅亡嗎

　　公元1644年三月十八日，李自成率領農民起義軍攻陷北京，明崇禎皇帝無路可逃，自縊而亡，屹立了兩百多年的大明王朝滅亡了。

　　一個帝王、一大票「忠臣良將」，忙活了半天結果還是亡了，可到底是怎麼亡的？原因究竟是什麼？至今也是眾說紛紜。有人說是崇禎無能剛愎自用把大明朝給折騰完了，也有人說是天道亡明、大明氣數已盡。

　　總之，在多數人看來是崇禎辜負了一票「忠臣良將」，將明朝給滅亡了。然歷史的真相真的如此嗎？崇禎真的辜負一票「忠臣良將」嗎？

　　最近一些學者們提出了質疑，他們認為明朝滅亡固然有天災瘟疫和崇禎多疑等方面的原因，但是那些所謂的「忠臣良將」也有不可推卸的責任。崇禎皇帝在位的十七年中，可以說是非常的勤政。他勵精圖治，希望重振朝綱，中興大明。可是他卻生不逢時，萬曆、天啟留給他的是一個千瘡百孔的爛攤子，到崇禎時已經是岌岌可危了。

　　當李自成的起義軍快要攻入京城時，那些所謂的「忠臣良將」在做什麼？大順軍佔領北京時，明朝廷在京的兩三千名官員

自盡的只有二十人，而其他的官員則是爭先恐後地前往大順政權政府報名請求錄用，真所謂「衣冠介冑，叛降如雲」。

國子監生陳方策塘報中說：「我之文武諸僚及士庶人，恬於降附者，謂賊為王者之師，且旦晚一統也。」

文人如此，軍官又是如何？大順軍在短短三個月時間裡就佔領了包括京師在內的整個黃河流域，除了在寧武和保定兩地稍遇抵抗以外（其實在保定城裡「代帝親征」的大學士李建泰也是主張投降的），到處是一派望風歸附的景象。

明朝遼東軍隊和官員奉命撤入關內勤王，由平西伯吳三桂、遼東巡撫黎玉田帶領於三月十三日全部進關，駐紮於昌黎、灤州、樂亭、開平一帶。當他們得知大順軍已經佔領北京，明朝廷已經覆亡時，就同山海關總兵高第一道接受了李自成的招降，歸附了大順政權。黎玉田被委任為大順政權四川節度使，奉李自成之命與明朝投降總兵馬科領軍西行收取四川。至此，秦嶺、淮河以北的明朝軍隊已全部收入大順政權的編制中，地方除遼東外均為大順政權所接管。

看到這樣的文臣武將，我們又怎能說明朝滅亡是因崇禎辜負一票「忠臣良將」所造成的？可憐的崇禎呀，在自縊之前身邊僅有提督太監王承恩陪同，身邊竟然沒有一個臣子。崇禎死前曾斥責士大夫：「吾非亡國之君，汝皆亡國之臣。吾待士亦不薄，今日至此，群臣何無一人相從？」就連起義造反的李自成也曾說過崇禎「君非甚暗」，只是「臣盡行私，比黨而公忠絕少。」

至此看來，明朝的滅亡，崇禎或許有著不可推卸的責任，但是他的那些「忠臣良將」就可以不承擔「亡國之臣」的責任嗎？

努爾哈赤靠什麼從後金部落脫穎而出

　　一代英傑努爾哈赤是明末建州女真族的首領。他憑藉十三副祖傳鎧甲闖天下，馬上征戰四十餘年，於1616年建立後金，即汗位。努爾哈赤是如何統一建州女真各部落，脫穎而出建立了後金政權？

　　努爾哈赤本出生於建州女真一個貴族家庭裡。祖父和父親都是建州女真的貴族，也是明朝封的建州左衛官員。努爾哈赤從小就練習騎馬射箭，練得一身好武藝。十歲那年，母親死去，他的繼母待他不好。努爾哈赤不得不離開家庭，和當地小夥伴在一起，在莽莽林海裡打獵、挖人參、採松子、拾蘑菇，然後將這些山貨帶到撫順賣掉，掙錢過活。努爾哈赤就是在這裡接觸到了許多漢人，並且學會了漢文，他還特別喜歡《三國演義》、《水滸》等類型的小說。

　　建州女真有好幾個部落，總是互相攻殺，因此明朝駐軍將領也利用建州各部的矛盾來加強這一地區的統治。努爾哈赤二十五歲那年，建州女真部有個土倫城的城主尼堪外蘭，帶引明軍攻打古勒寨城主阿台。而阿台的妻子是努爾哈赤的妹妹。於是努爾哈赤的祖父和父親去古勒寨探望孫女，不巧正碰上明軍攻打古勒寨，在混戰中都被明軍殺害。

　　年幼的努爾哈赤悲痛不已，他跑到明朝官吏那裡說：「殺我祖父、父親的是尼堪外蘭，只要你們把尼堪外蘭交給我，我也就

甘心了。」然而明朝官吏只把他祖父、父親的遺體交還他，卻不肯交出尼堪外蘭。由於念及自己的力量太小，不敢得罪明軍，於是努爾哈赤滿腔悲憤回到家裡，翻出了他父親留下的十三副盔甲，分發給他手下兵士，向土倫城進攻。

努爾哈赤英勇善戰，尼堪外蘭不是他的對手，狼狽逃走。努爾哈赤攻克了土倫城，繼續追擊，乘機又征服了建州女真的一些部落。尼堪外蘭東奔西竄，最後逃到了鄂勒琿（今齊齊哈爾附近），請求明軍保護。努爾哈赤也追到那裡。明軍看他不肯罷休，怕因此引起戰爭，就讓努爾哈赤殺了尼堪外蘭。

自從努爾哈赤消滅了尼堪外蘭之後，就聲名大噪。又過了幾年，努爾哈赤就統一了建州女真。這就引起女真族其他部的恐慌。當時的女真族，共有三部，除了建州女真之外，還有海西女真和「野人」女真。海西女真中有個葉赫部最強。

公元1593年，葉赫部聯合了女真、蒙古九個部落，結成聯盟，合兵三萬，分三路進攻努爾哈赤。

努爾哈赤聽說九部聯軍來攻，事先做好迎戰的準備。他在敵軍來路上，埋伏了精兵；在路旁山嶺邊，安放了滾木石塊，一切安排妥當，他就安安穩穩睡起覺來。

他的妻子看了很著急，把他推醒，問他：「九部兵來攻打，你怎麼睡起覺來，難道你真的給嚇糊塗了？」

努爾哈赤笑著說：「如果我害怕，就是想睡也睡不著。」

第二天，建州派出的探子回報敵

努爾哈赤

正黃旗

正白旗

正紅旗

正藍旗

八旗旗幟

兵人數眾多，將士們聽了也有點害怕。努爾哈赤就告訴將士們：「別害怕，現在我們佔據險要地形，敵兵雖然多，不過是烏合之眾，一定互相觀望。如有哪一個領兵先攻，我們就殺他一兩個頭目，不怕他們不退。」

九部聯軍到了古勒山下，建州兵在山上嚴陣以待，先派出一百騎兵挑戰。葉赫部一個頭目衝來，馬被木樁絆倒，建州兵上去把他殺了，另一頭目看到這情景也嚇昏過去。

這一來，九部聯軍沒有統一指揮，四散逃竄，努爾哈赤乘勝追擊，擊敗了葉赫部。又過了幾年，基本統一了女真族各部。

統一女真之後，努爾哈赤將女真人編為八個旗。旗既是一個行政單位，又是軍事組織。每旗下面有許多牛錄，一個牛錄三百人，平時耕田打獵，戰時打仗。這樣既推動了生產，又加強了戰鬥力。八旗子弟在後來努爾哈赤建立後金乃至後來建立大清朝的過程中，都起到了極其重要的作用。後來八旗制度作為大清的一種軍事制度固定下來，並長期存在。

順治帝出家之謎

歷史上喜愛佛教、宣揚佛教的皇帝很多，可是真正願意丟開皇帝不做而返身皈依佛門的恐怕就鳳毛麟角了。而清代順治皇帝就是傳說中真正皈依佛門之人。這件事究竟有幾分真實可信的地方？

據民間傳說，順治是因為受到精神打擊，看破紅塵，遂拋去帝位，遁入五台山削髮為僧。在順治短短的一生中，他一共娶了19個妻妾，差不多是每年一個，但是最討他歡心的，只有董鄂妃一人。在順治眼裡，董鄂妃就是他的心。雖然兩人不曾有過任何誓言，但是，那種難捨難分的感情的確能感天地、泣鬼神。

順治出於對董鄂氏的偏愛，打算將皇位傳給董鄂氏之子，可不幸此兒出生數月就夭折了。董鄂氏大受打擊，同時加上皇太后雪上加霜的折磨，所以於順治十七年八月，抑鬱而死，順治痛不欲生。為哀悼董鄂妃，他五天不理朝政。沒過多久，他又親自給禮部下了一道聖旨，特意採用追封的方法，給董鄂妃加封諡號：孝獻莊和至德宣仁溫惠端敬皇后。

董鄂妃死後，順治的心也隨之而去，於是遂拋去帝位，削髮為僧。《清史演義》、《清代野史大觀》等書中均有關於順治帝因董鄂妃去世而削髮出家

順治

的故事，詩人吳梅村也有暗示順治帝出家的詩句。還有傳說康熙親政後，曾經以進香為藉口，多次到五台山看望順治，希望順治能回到宮中，但是順治不為所動。康熙帝有詩哀悼：「又到清涼境，岩卷復垂。芳心愧自省，瘦骨久鳴悲。膏語隨芳節，寒霜惜大時。文殊色相在，惟願鬼神知。」語氣十分悲慟。又傳說在康熙年間，兩宮西狩，經過晉北，地方上無法準備供御器具，卻在五台山上找到了內廷器物，這似乎又是一個順治出家的證據。

順治一向好佛，宮中奉有木降、玉琳二禪師，印章有「塵隱道人」、「痴道人」等稱號。他對木降曾說：「願老和尚勿以天子視朕，當如門弟子旋庵相待。」他早有削髮為僧的念頭。臨宣佈他去世前幾天，他還叫最寵信的內監吳良輔去憫忠寺削髮為僧，因此一些人認為順治出家之因是與孝惠皇后不合，所以寵愛的董鄂妃一死，他就以此為藉口皈依了淨土。

順治帝的離家出走，令清宮上下驚慌失措。他們為了不引起世人的非議，只得向外宣佈：順治皇帝駕崩。但是，這種謊言也瞞不了多久。很快，堂堂的大清皇帝為了一個女人而削髮為僧的事就在民間廣為流傳了。

但是較多的研究者認為，順治帝並未出家，而是病死宮中。明清史專家孟森的《世祖出家事考實》舉出《東華錄》等史書的記載，認為清世祖死於痘疹，沒有出家。順治十八年正月初四，朝廷曾正式向文武群臣宣佈皇帝患了天花病。當時王熙在《王文靖集‧自撰年譜》記載，奉詔入養心殿，諭：「朕患痘症勢將不起。」命王熙趕寫遺詔。初五，朝廷大赦天下並傳令民間不許炒豆、點燈及潑水。但到初七深夜，順治帝還是駕崩了。

所以順治到底是出家了，還是病死宮中，這仍然是一個謎。唯有等待歷史學家在未來做最後的鑒定。

康熙為什麼六下江南

　　清康熙皇帝愛新覺羅·玄燁是清王朝入關以後的第二任皇帝。康熙八歲登基，十六歲親政，熟諳文韜武略，具有遠見卓識，擒鰲拜、平三藩、平定葛爾丹叛亂，政績斐然。在其統治時期，曾經六次下江南，而這一舉動後來也給世人留下了頗為神祕的故事。

　　金庸小說《鹿鼎記》中就講到了一代帝王康熙與青樓小子韋小寶之間的惺惺相惜、相互扶持的故事。然而生性不安的韋小寶終還是過不了官場生活，辭官之後就到江南生活去了。於是人們就開始想像，康熙六次下江南是不是去找韋小寶？不得不說，這樣的想法是沒有歷史依據的。韋小寶本是小說中塑造出來的人物，在現實生活中根本找不到原型。那麼人們不禁要問，康熙六下江南到底是為了什麼？

　　其實，康熙六下江南的目的是為了治河、導淮、濟運。然而現在的一些小說、影視，為了更加娛樂性，鋪陳渲染，將史實塗抹得似是而非。

　　早在康熙執政初年，對河務就很關注並有相當的研究。康熙初年黃河下游到處決口，水禍連連。接連而來的水患，引起了康熙的高度重視。康熙曾在太和殿以治河為策論試題，測試天下貢士。在平定「三藩」國家財政仍然比較困難時，康熙帝還是下決心對黃河、淮河進行全面的治理。

　　三藩平定、台灣收復之後，康熙便將河務視為首要任務。雖然治河的官員取得了一定成效，但是准、揚水災並未明顯好轉。康熙擔心官員們沒有認真行事，於是在康熙二十三年，第一次下江南，不遠萬里，親閱河工，幸臨清江府、淮安府、江寧等地。康熙二十八年，康熙第二次南下，到過清河縣，在回京途中率領隨行的大臣一起視察了高家堰一帶的堤岸閘壩。

　　康熙二十九年至三十六年間，由於平定葛爾丹的叛亂之事，河工人事變更頻繁，河工也日趨敗壞。於是康熙三十八年，康熙帝第三次南巡，到過揚州、蘇州、杭州、江寧等地方。康熙視察黃河南岸歸仁堤、高家堰等處堤工，頒布了《修浚清口詔》、《巡視河湖酌定應辦工程詔》，具體制定了新的治河方案：深浚河身、築挑水壩、開陶莊引河、浚直河道和拆除攔黃壩。這一新的治河方略，在第二年由新任河道總督張鵬翮開始貫徹實施。到四十年底，其他各項工程也陸續完成。第二年夏天，黃河又發生

康熙

康熙《南巡圖》（局部）

了特大洪害，各項工程都經受住了洪水的考驗。不得不說，這是康熙帝的功勞。

康熙四十二年，康熙帝以河工即將告成，進行第四次南巡，到過揚州、鎮江、蘇杭、杭州、江寧等地。他乘船到達清口，查閱天妃閘、御壩，還親自觀看陶莊引河，閱視減水壩、鮑家營、中河口等地方，對河道總督張鵬翮及在河各官親加以獎勵。

康熙四十四年初，康熙帝認為，雖然河工已經告成，但是仍然需要察驗形勢，籌劃善後之規，於是第五次南巡又開始了。康熙帝乘船到揚州城北高橋，對河道總督張鵬翮說道：「河工已經告成，善後方略更為要緊。朕今親臨閱視，修建天妃閘，甚當」。可見，康熙對於河工一事是非常上心的。

然而幾個月後，河工又出了問題。黃、淮再次發生多年未有的暴漲，造成古溝塘、韓家莊、清水溝幾處堤岸沖決，發生水災。康熙帝聞訊十分生氣，立即降旨「今春朕欲親視高家堰」。於是康熙與臣子商議新的治河方案——溜淮套方案。康熙帝對溜淮套工程十分之不放心，覺得這麼大的工程，若是有什麼閃失，勞民傷財，後果不堪設想。於是康熙四十六年，康熙第六次南巡。

康熙六下江南，主要是看堤防和了解東南地區社會和民生的疾苦，每次都很儉樸，且多數情況下是微服私訪，沒有驚動更沒有騷擾地方百姓。而他的孫子乾隆帝也進行過六次南巡，聲言他的目的和祖父一樣，其實恰恰相反。乾隆帝在江南遊山玩水，耗用了大量民脂民膏，他的目的與作用怎能和他的祖父康熙皇帝相提並論？

雍正帝嗣位之謎

　　清康熙帝駕崩以後，第四皇子胤禛在激烈的皇位爭奪中登上了皇帝的寶座，這就是歷史上有名的雍正帝。但雍正帝究竟是如何即位的，長期以來在民間有種種傳說，史學界對這一問題也有幾種截然不同的看法，使之至今還是一個懸案。

　　在民間傳說中，多認為雍正即位是非法的，是篡位奪權。

　　一種說法就是所謂「矯詔篡立說」。早在雍正帝在世時，社會上就盛傳：康熙帝要將皇位傳給十四阿哥胤禵，在他患病的最後幾日，曾經下旨要召胤禵回京，但是四阿哥胤禛的死黨隆科多卻隱瞞了諭旨。致使康熙去世當日，胤禵不能趕到。於是隆科多假傳聖旨，擁立胤禛為皇帝。

　　另一種說法為「盜改遺詔說」。康熙原來就有手書，要把皇位傳給十四阿哥胤禵，卻被人將「十」改成了「于」字，於是遺旨明明傳位於胤禵，卻變成了傳位四阿哥胤禛，那麼，是誰來盜改了這個遺詔呢？有傳說是雍正本人改的；有的說康熙把遺詔寫在隆科多的掌心，而隆科多將「十」字抹去了；也有的說是由一些雍正府中所收養的武林高手所改寫的……

　　然而這種觀點遭到了部分學者的質疑。

　　一、康熙遺詔是用滿文寫成的，用滿文宣讀，不可能篡改。

　　二、隆科多與雍正原非深交，何苦冒險矯詔擁立？關於矯詔奪位的種種傳聞，無非是出於政敵的中傷。

三、皇十四子胤禵若是康熙選定的王儲，為何康熙會讓他長期滯留邊陲？

四、康熙臨死前曾命雍正代行郊祀大典，病危時又將幾位皇子和大臣召至塌前說：「皇四子胤禛，人品貴重，深肖朕躬，必能克承大統，著繼朕登基，繼皇帝位。」可見康熙想立的應該就是雍正。

五、胤禛在康熙四十八年晉封為親王，在皇子中的地位日益提高，先後22次參與祭祀活動，次數比其他皇子都多。此外，康熙對胤禛之子弘曆寵愛有加，稱讚其母是「有福之人。」由此可見，雍正是後來居上的皇太子候選人。

後世有人根據雍正在品格、才幹、年齡和氣質上的眾多特點以及雍正本人在皇宮中深藏不露、暗自修煉多年的特徵，康熙對雍正的認識和父子感情基礎，當時諸子爭儲互鬥的背景，還有康熙在死之前留下遺詔的在場人物、地點、時間以及情節等來綜合分析，認為雍正根據皇父「倉促之間一言而定大計」，是合法即位的，可信的。

官書中記載如下，康熙六十一年（公元1722年）十一月冬至前，康熙患病住在暢春園療養。胤禛請求侍奉左右，但康熙卻讓胤禛奉命代替自己到南郊祀天，並且命他待在齋所虔誠齋戒，不得離開。到了十一月十三日，康熙的病情突然惡化，這時才不得不破例把胤禛召到暢春園來。

而在胤禛沒到之前，胤祉、胤祐、胤禩、胤禟、胤䄉、胤祥

雍正

和理藩院尚書隆科多已經在康熙的命令下來到御榻前。康熙對他們說：「皇四子胤禎，人品貴重，深肖朕躬，必能克承大統，著繼朕登基，即皇帝位。」

此時，恆親王胤祺因冬至奉命在東陵行祭典、胤祿、胤禮、胤祹、胤禑等小皇子都在寢宮外候旨。當胤禎來到康熙面前時，康熙還能夠說話，告訴胤禎他的病情日益惡化的原因，但是到了夜裡戌時，康熙就歸天了。

隆科多即向雍正宣佈「遺詔」！胤禎聽後昏倒於地，痛不欲生，而胤祉等其他兄弟則向胤禎叩頭，並勸他節哀順變，因此雍正就履行新皇帝的職權，主持康熙的喪葬之事。雍正曾特別強調──當日情形，「朕之諸兄弟及宮人內侍與內廷行走之大小臣工所共知共見者。」

雍正的即位是由父皇康熙的壽終正寢後才開始的，是屬於正常並且合乎法理的。對此，清代官書眾口一詞，都是同一個口徑。但是雍正繼承皇位後仍然存在許多令人費解的問題，而且他即位後的很多言行，尤其是與大肆誅戮貶斥功臣、兄弟、文人等事連在一起，更令人感到撲朔迷離。

這些問題使一些清史專家耗費了很多的精力，直到現在也沒有能夠得到很好的解釋。可以說，在沒有獲得新的可靠資料之前，雍正的即位是否合法合理，依舊是個謎。

雍正帝暴死之謎

　　公元1735年一個清冷的早晨，清朝皇帝雍正突然暴死在圓明園離宮中。

　　關於他的死因，始終籠罩著一層神祕的色彩，雍正剛駕崩時，京師中便謠言迭起，猜測紛紛，後世對其死因說法也各異，終成一大奇案。綜合各家觀點，對雍正之死有三種解釋。

　　一是正常死亡。官方記載說雍正是忽然發病身亡。

　　作為第一手資料的《起居註冊》中是這樣記載的：「八月二十一日，上下豫，仍辦事如常。二十二日，上下豫。子寶親王、和親王終日守在身旁。戌時皇上病情加重，急忙在寢宮發布遺詔給諸王、內大臣及大學士。龍馭上賓於二十三日子時。由大學士宣讀朱筆諭旨，著寶親王繼傳。」由以上史料看來，雍正的病應當是一種急症，有人推測雍正可能是中風而亡。

　　二是被刺身亡。這也是民間最廣為流傳的一種說法。

　　例如《滿清外史》、《清宮遺聞》、《清宮十三朝》等等記載說呂留良的孫女呂四娘刺殺了皇帝。由於清朝政府採取民族高壓政策，鎮壓了好幾起漢人的造反，後為達到殺雞儆猴的效果，雍正殺死了很多漢人的全族，以警世人。呂留良文字獄正是雍正六年發生，十年十二月，留良、葆中父子被處死。其親人也被嚴加處置，另一子毅中斬決，孫輩發配極邊為奴。傳說呂留良的孫女四娘以宮女身分混入皇宮侍奉皇上，伺機行刺。還有傳說四娘

在呂案發生後逃亡外地，練就一身功夫潛入宮內，以飛劍砍去清帝腦袋。還有人傳說除四娘外還有一位名為魚娘的女子做幫手。

雖然這些僅為傳說，但即使下筆謹嚴的學者，在提到世宗死時，也會提及這些傳聞。

但有人認為這種行刺之說純屬謠言，並舉出例證。一、呂案發生後，其家人皆受罰，無漏網之魚。二、四娘根本不可能混進宮。呂氏的孫輩在寧古土基成為奴隸，犯大罪的人犯多是這樣下場。所以四娘不可能混入宮內。三、圓明園內戒備森嚴，設護軍營，一個女子根本不可能飛檐走壁，穿過晝夜的巡邏和森嚴的戒備，輕易地就進入寢宮，刺殺皇帝。因而，雍正遇刺身亡的說法便受到了一定的質疑。

於是就有了第三種說法，認為雍正是服丹藥中毒而亡。

這是從宮中檔案等資料中推出的結論。雍正生前崇佛信道，迷信鬼神，「所交多劍客力士」，在宮中也曾蓄養了一些僧道異能之士，甚至

雍正修道畫像

與他們結交為兄弟。雍正從雍正四年開始服用道士煉製的既濟丹，雍正八年得大病後，又命道士為他煉製丹藥療疾，及至雍正十三年八月，他傳旨在圓明園用牛舌頭黑鉛二百斤煉煮。照這種情況看，很有可能是由於丹藥中有毒成分在體內長期積聚，或者是那二百斤牛舌頭黑鉛，終於使雍正帝中毒死去。

而這些都是可以找到佐證的。首先，雍正死後第三天，乾隆登基後忽然下諭旨將煉丹道士驅逐出宮。讓人疑惑的就在這裡，新君剛登基，尚有眾多事務待理，為什麼急於驅逐數名道士呢？乾隆還說其父視僧道如俳優，未聽一言，未服一藥，這顯然在為父親辯解。

如果雍正不信道，不服藥，宮裡的道士和丹藥是如何而有？他又說這幾個道士早就該受驅逐，但為何世宗容忍他們在宮中？乾隆如果為的是崇正道、黜異端，就應該加以排斥，然而他卻沾沾自喜地稱：「朕崇敬佛法……仰蒙皇考嘉獎，許以當金法會中契超無上者，朕為第一。」而且，還善待超盛、元日二僧讓他們來京瞻仰梓宮。

其次，乾隆在同日另下諭旨諭告誡內監、宮女不許妄行傳說國事，「恐皇太后聞之心煩」，「凡外間閒話，無故向內廷傳說者，即為背法之人」，「定行正法」。這些讓人明顯可以看出來此事必與世宗橫死有關，否則為何皇太后所見外間閒話會心煩？

雍正帝的死因因各種流傳而蒙上了神祕的面紗，變得更加撲朔迷離，讓人難辨真假。懸案尚未解開，看來，雍正的死還會繼續引起人們探討的興趣。

同治帝死因之謎

　　同治皇帝，是葉赫那拉氏（慈禧）與咸豐六年所生。同治六歲時登基稱帝，同治十二年親政，但卻於同治十三年十二月初五日病逝，此時距其親政日期不到兩年。對於同治的死因，朝野上下說法各異，至今仍然是個謎。

　　有的說同治是死於天花。翁同龢是同治授讀師傅，曾多次奉兩宮太后之命前往探視。他在日記中記錄下了親眼目睹的同治帝的病情：「十一月初二日，入至內務府大臣處，……見御醫李德立、莊守和脈按言：天花三日……」又記：「初八日，伏見天顏，……花極稠密，目光微露。」

同治

　　就在同治帝病逝當月，慈安太后之女也因患天花而死於宮中，說明當時宮內確是流行天花病毒，同治帝不幸感染，不治身亡。

　　近來，學者在清代檔案中發現了屬於清代皇帝脈案檔簿的《萬歲爺進藥用藥底

簿》，查閱了自同治發病以來，召御醫李德立、莊守和入宮請脈的脈案、處方及服藥記錄，肯定同治帝是死於天花無疑。

然而這些記載只是宮廷裡的片面記載，而民間的大多傳聞卻說同治帝是死於梅毒。在一些正規學術著作裡都記載著同治帝微服出宮，嬉戲遊樂，甚至出入煙館妓院的故事，如蕭一山所著《清代通史》中就有同治因出遊而患梅毒終致死亡的記載。

據記載，同治帝十分敬愛端莊嫻靜的阿魯特氏皇后，但慈禧太后

慈禧太后

不喜歡阿魯特氏。因為皇后文靜、不愛熱鬧，每次看到男女私情，則面壁而坐。慈禧本來對皇后就不滿意，這樣就更加不喜歡她了。皇后多次受責怪，依舊我行我素，慈禧便覺皇后故意不給她面子。而皇后對同治帝則是笑臉相迎，慈禧更認為她狐媚惑主，於是限制同治帝寵愛皇后。加之慈禧特別喜歡侍郎鳳秀的女兒，強迫同治寵愛她，想冊立其為皇后。可是鳳秀的女兒人雖漂

亮，舉止卻特別輕佻，因此同治帝不喜歡。

在生母慈禧的干預下，婚姻不幸福的同治與太監佞臣常常微服外出尋花問柳。但同治怕臣下看見，不敢去京中較大的妓院名樓，專門找隱蔽的小妓院、暗娼等處。起初，人們對他的身分毫無所知，後來知道了也佯裝不知。一些王公大臣注意到同治帝的這種行為，屢次勸諫卻毫無成效。

同治染上梅毒後，開始時毫無察覺，後來臉面、背部顯出斑點，才召太醫診治。御醫一見大驚，不知如何是好。慈禧卻傳旨，向外界宣佈說皇上只是染上天花。於是，御醫們畏懼慈禧，於是按照出痘的醫法開藥，沒有效果。

皇帝龍顏大怒，問道：「為何不按我的病醫治我？」

太醫回奏：「太后命之。」

而且《翁同龢日記》中記載說：「風聲過大，且非兩宮聖意。」同治憤恨不已。

梅毒在當時是絕症，以天花治之，顯然是為了掩蓋醜聞，以免丟皇家臉面。所以同治後來就日益病重，下部潰爛而死。

雖然這些傳聞的真實性還有待考證，但這些傳聞傳揚甚廣，而同治帝又死得相當可疑，因此許多人懷疑他死於梅毒也就不奇怪了。

同治究竟是死於天花、還是死於梅毒？上文的兩種說法各有各的來源，各有各的道理，讓人難以辨別是非真假，遂成清宮又一疑案。

孫中山為何要讓位給袁世凱

　　辛亥革命後，孫中山從國外歸來，1912年1月1日在南京就任臨時大總統。誰也沒有料到，1912年4月1日，任臨時大總統才三個月的孫中山卻被解除了職務，把政權交給了袁世凱。

　　當袁世凱稱帝的野心昭然於世時，人們就開始反思：孫中山為什麼當時會把民國的政權拱手讓給袁世凱呢？歷史學家曾對此作過解釋，但眾說紛紜，莫衷一是。然不可否認，這絕不是某一個人的主觀意願，而是有其複雜深刻的社會歷史背景，是歷史合力作用的結果。

　　首先，南京政府的腰桿不硬、革命陣營內部矛盾激化。南京臨時政府成立後，帝國主義國家截留中國海關稅收，使臨時政府財政極其困難，無法長久支持戰爭所需，更無法支撐政權建設，被迫與袁世凱妥協。辛亥革命剛開始取得勝利，革命營壘內部便已呈現出一派分崩離析的現象。地主階級反動勢力以及反對派的力量非常強大，虛偽狡猾、擁有實權的袁世凱成了反動勢力的核心力量，他們在革命陣營內部進行破壞。而資產階級還沒有得到充分發展，十分軟弱無力，它的核心力量——同盟會政治理論幼稚，組織鬆散龐雜，對帝國主義和封建勢力缺乏深刻的本質認識，同廣大下層勞動群眾的嚴重脫離。而孫中山的「讓位」就是在這樣的階級力量對比下釀成的。

　　其次，袁世凱當時的聲望和才識，是他獲取政權的一個重要

砝碼。袁世凱和以往的封建官僚不一樣，他是從政治上向資產階級轉化的官僚代表，在擔任直隸總督、北洋大臣任的時候，就塑造了「銳意革新」、「一代強人」的社會形象，於是贏得了資產階級的信任。當清帝被逼退位後，他的個人聲望更是達到頂峰。再加上袁世凱擁有一支實力雄厚的北洋軍隊，掌握著軍政大權，使得當時社會各階層，包括資產階級的各階層，普遍產生了「非袁不可」的心理。

　　第三，帝國主義國家對袁世凱大力支持。清政府的統治，在武昌起義的炮火聲中土崩瓦解。帝國主義為了維護自己的在華權益，在「嚴守中立」的偽裝下，一方面，不斷在軍事、經濟、外交上向革命黨人施加壓力，逼迫革命黨人妥協；另一方面，支持袁世凱當政，特別是在外交方面。他們積極策劃南北和談，提出所謂「非正式照會」，逼迫南方向袁世凱妥協。英國外交大臣葛壘說：「我們對於袁世凱懷有極友好的感情和尊敬。我們希望出

孫中山　　　　　　　　袁世凱

現一個政府，有充足的力量可以無所偏倚地對待各國，並能維持國內秩序以及革命後發展對華貿易的有利條件。這樣的政府將獲得我們所能給予的一切外交援助。」

第四，中國傳統思想中「誠信」觀念的影響。中國傳統思想中注重「承諾」，有「一諾千金」之說。革命黨人認為袁世凱在全國人民面前，宣誓維護共和，便會盡力維護共和制度，否則將受到輿論和道義上的譴責，對袁世凱的個人誠信產生了幻想。於是革命黨人將大總統讓與袁世凱，卻沒料到袁世凱會復辟帝制。

最後，有人認為還有孫中山個人原因。孫中山是偉大的資產階級革命家，以「大道之行也，天下為公」為政治抱負，沒有政治野心，權力意識比較淡薄。在他看來，只要能建立共和，實現民權，「誰當總統都無所謂」。無論孫中山當時心裡到底是怎麼想的，可是後來的結果卻讓他後悔不已。

因此，孫中山與袁世凱實行的妥協並非偶然，而是客觀形勢發展的必然結局，是多種因素共同作用的結果。這在歷史上一直被人們認為是一大憾事，但人們也認識到：勝利不會一蹴而就，在通往成功的道路上也必將充滿坎坷和泥濘。事物的發展是前進性與曲折性的統一，需要人們進行前赴後繼的努力才能成功。

袁世凱猝死之謎

1916年6月6日，竊國大盜袁世凱魂歸西天。

袁世凱的死雖然是千夫所指，但人們也不免產生疑問，是什麼原因造成了這個竊國大盜的猝死。對於他的死因，眾說紛紜。

當時的訃告說袁世凱是病死的，但通常民間流傳是氣死的。然這些說法大都沒有十分確實的依據，不能作出令人信服的完滿結論。

「病死之說」主要有兩種分歧，一種認為袁世凱是患尿毒症而亡。《袁氏盜國記》中有詳細說明，「五月二十七日，經中醫劉竺笙、蕭龍友百方診治，均未奏效；延至六月初四病勢加劇，即請駐京法國公使館博士卜西京氏診視病況，乃知為尿毒症，再加神經衰弱病入膏肓，殆無轉機之望。」

《袁世凱全傳》也稱袁世凱所患病「相傳為尿毒症，因中西藥雜進，以致不起。」

由於在醫療方案上，袁世凱的兩個兒子意見分歧，大兒子袁克定相信西醫，主張動手術；二兒子袁克文則竭力反對，兩人相持不下，終貽誤時機，導致袁世凱不治身亡。

另一病死之說則認為袁世凱患病後不肯服藥而死。當年袁世凱在彰德修養時，有術士給他算命，稱「袁不得過五十八歲」。袁問：「有何禳解否？」曰：「此事甚難，非得龍袍加身不可。」袁世凱聽後沒說什麼，賜酒給術士，術士出門後就死了，

大家都猜測是袁世凱害死了術士滅口。從此以後，袁世凱便有了稱帝之心。

1915年稱帝後卻事事不順，眾叛親離，積憂成疾，昏迷之中，總看見術士來索命。有人服侍他吃藥，他總是不吃，因為藥湯很像當年他給術士喝的毒藥，他周圍親近的人都知道原因，但都不敢和大家說，最後改用針灸治療，但也沒能保住他的性命。

「氣死之說」則認為袁世凱因帝制失敗、眾叛親離而氣憤致死。有人說：「袁世凱以稱帝不成，中外環迫，羞愧、憤怒、怨恨、憂慮之心理循生迭起，不能自持。」「盜國殃民，喪權亂法，在中國為第一元兇，在人類為特別禍首，其致死固宜，益以年老神昏、兵亡將變、人心怨懟、體面無存，袁氏心非木石，顧後思前，能不自疚，此即袁氏死之真相也。」通常的一種說法是四川督軍陳宧背袁，宣佈「代表川人和項城告絕。自今日始，四川省和袁氏個人斷絕關係」，此事對袁世凱打擊甚大。但袁世凱本人卻始終沒有向後人交代他為何人所氣而難以治愈。

人之將死其言也善，嚥氣前，袁世凱只是喃喃叫道：「他害了我！」他是誰？有人說是老部下馮國璋、段祺瑞，他們希望繼續任總統所以對帝制存有曖昧；或者是陳宧等始從終棄，對他倒打一耙；也有人說是他兒子「太子」袁克定，也有人說是楊度等「籌安會」成員。

但這句話所指到底是誰，語焉不詳，其用意和含義更是令人費解，也給後世留下了千古之謎。

文臣篇

談笑間玩轉天下

屈原為何於「鬼節」投江自盡

綜觀屈原一生，不得不感嘆一位政治家與改革家的失敗，同時也不得不為他那崇高的理想與偉大的事業而惋惜。他憂國憂民、行廉志潔的人品被譽為後世楷模，而氣魄宏偉、辭章瑰麗的詩詞堪稱世界文學殿堂的瑰寶。

屈原早年曾受楚懷王信任，任左徒，常與懷王商議國事，參與法律的制定，主持外交事務。屈原主張與齊國聯合，共同抗衡秦國。在他的努力下，楚國國力有所增強。但由於自身性格耿

屈原

直，加之他人讒言誹謗，屈原逐漸被楚懷王疏遠。公元前305年，屈原竭力反對楚懷王與秦國訂立黃棘之盟，未能如願，反而於楚懷王二十四年被逐出郢都，流放漢北。後又因小人的讒言被楚頃襄王再次逐出郢都，流落江南。

奸佞小人的中傷、昏庸帝王的放逐讓屈原有志難舒，面對楚國之危難、民生之多艱而無可奈何，屈原唯有帶著滿腔憤懣，投身汨羅江中。

屈原投江之日，正是楚頃襄王二十一年（公元前278年）五月五日，楚郢都被秦攻破的日子。而據國內專家考

證，屈原在世時，農曆五月是楚國南方的凶月，五月初五是凶日和鬼節。為何屈原會選擇這麼不吉利的一天了結性命呢？

漵浦屈原學會副會長舒新宇認為，屈原早已萌生了「忽乎吾將遠行」的離世思想。在《離騷》中屈原兩次說到要像彭咸那樣投水而死。彭咸為殷朝賢臣，當年因進諫不成而投水自盡。此後，屈原在《思美人》、《悲回風》中同樣多次提到「彭咸」。舒新宇認為屈原的投江自盡，是「經過長達十多年的深思熟慮，當然會有一番精心安排」。

舒新宇所說的「精心安排」，便是屈原追隨舜帝而去。屈原在《離騷》開篇便以「帝高陽之苗裔兮，朕皇考曰伯庸」來表明自己是古帝高陽氏的後裔。而舜帝是楚人的太陽之神和光明之神，並且楚人同樣是在五月五日祭拜舜帝。

舒新宇認為，屈原在創作《涉江》時，就想像自己跟隨舜帝暢遊昆侖瑤圃，「與天地兮同壽，與日月兮齊光」。屈原有意在舜帝的祭日及太陽開始升起的這一日投江，以便與冉冉上升的太陽融為一體，與心儀已久的先帝堯、舜以及彭咸等忠臣共聚首，去完成他在人間無法實現的抱負與理想。

此說不過是後人研究所得。也有人認為屈原是聽聞郢都被秦攻破，一時悲憤交加，感慨萬千，既然有志救國卻回天乏術，唯有以己之死祭奠國之亡魂。

然事實究竟如何，除了已在汨羅江底沈睡千年的屈原外，又有誰能明瞭呢？

商鞅緣何結局悲慘

　　商鞅本姓公孫，是戰國時期衛國的庶出公子。他不甘心平庸地坐享榮華富貴，執意選擇了一條千古留名的不歸路。

　　醉心於刑名的商鞅本打算在當時已具備實力爭雄天下的魏國大展拳腳，可惜雖得主公賞識，卻得不到魏惠王的重用。之後聽聞秦國孝公欲召集天下謀士赴秦共商國策，遂前往。商鞅靠著急功近利的王霸之術，終得孝公賞識，委以重任，革新變法。嚴苛的變法嚴重衝擊了權貴們的特權利益，反對之聲四起，怨恨之言四溢。然而，在孝公的大力支持和商鞅的努力下，新法得以實行，經十餘載持之以恆，秦國的實力日益壯大。

商鞅

　　變法於秦國，是成功的。但力行變法的商鞅，卻為此付出了慘重的代價，落得五馬分屍的下場。

　　一個對國有功的宰相，為何死得如此淒涼？

　　其實在商鞅變法的過程中，就已注定了他的悲慘下場。提倡變法難免得罪權貴之人，加之商鞅剛直不阿，嚴苛執法，甚至到了刻薄寡恩的地步。

對商鞅而言，任何人任何事，一旦與法律稍有抵觸，就絕不留情，就連太子犯法也不可饒恕。雖然由於孝公的干預而不能懲處太子，但商鞅仍堅持將太子的老師與管家治罪。由此，商鞅與一干受懲處之人積下宿怨，恨之入骨之人多不勝數。

此時的商鞅可敬可佩，一心只為推行新法、強國安民，萬沒有想到新君即位後自己將如何立足於秦國，立足於一班虎狼之間。他自然也不會想到，新君即位之日，便是他大難臨頭之時。

除此之外，據史料記載，商鞅成為宰相後，自恃功高一籌，處事不禁飄飄然，大談自己的功績，四處招搖，更曾出現不備齊排場就不出行的情況。隱者趙良曾勸其收斂，切忌急功近利。然商鞅根本不將趙良的規勸放在眼裡，甚至將自己與當年輔助秦穆公稱霸的五羖大夫相比，認為自己的功勞有過之而無不及。

商鞅自大到如此地步，加之變法期間四面樹敵，實在難逃一死。然商鞅始終看不透官場黑暗，始終認為自己有功於秦，功臣良相的地位無人能及。

當孝公離世後，商鞅就失去了安身立命的屏障。而國家因得益於變法日益強大，使商鞅失去了利用價值。等待他的，似乎只有那用以緩和矛盾、清償宿怨的五馬分屍之刑了。

趙高是宦官嗎

趙高，一個在秦始皇魂歸西天之後篡改詔書逼死長子扶蘇、擁立幼子胡亥稱帝的秦朝官吏，由中車府令一路升遷至當朝丞相，他操縱傀儡皇帝，玩弄至上皇權，巧取豪奪，陷百姓於嚴刑酷法、賦稅徭役的水深火熱之中。為官數十載，趙高處心積慮陷害忠良，苦心籌謀篡奪王位。其結果，是他在距離王位一步之遙處，死於非命。

就是這樣一個壞事做盡的奸佞小人，居然也有被人冤枉的時候。世人的誤讀給趙高扣上了「宦官」的帽子，使他成為中國歷史上宦官亡國的第一人。

然而，在司馬遷的《史記》中，並沒有趙高列傳，而是在《秦始皇本紀》、《蒙恬列傳》、《李斯列傳》中零散地記述了一些趙高的生平行事。即便如此，也沒有提及「趙高是宦官」之類的說法。遍尋東漢以前的史籍文獻，也沒有明確指明「趙高是宦官」。那麼，趙高究竟是如何成為「宦官」的呢？

說趙高是宦官，一是出於對「隱宮」一詞的曲解，二是出於對「宦」字的誤解。

《史記・蒙恬列傳》中有記載：「趙高兄弟皆生隱宮」。「隱宮」一詞，語義並不明確。東漢以後，一位為《史記》作注的劉姓人士不知從何得知此詞的含義，竟將「隱宮」之「宮」解釋為宮刑，進而說趙高的父親受了宮刑，母親與他人野合生下趙

高兄弟。後因趙高兄弟冒姓趙，也受宮刑而成了宦官。如此以訛傳訛，「趙高一家都是宦官」逐漸成為「事實」，唐代以後幾乎成了一種固定的說法。

秦史專家馬非百先生曾根據《睡虎地秦墓竹簡》指出，「趙高兄弟皆生隱宮」的「隱宮」，實際上是「隱官」的誤寫。《張家山漢墓竹簡》出土後，「隱官」的意義清楚明瞭，即「刑滿人員工作的地方」，同時也用來指稱「刑期已滿的人」。此詞無論如何都與宮刑毫不相干。除此之外，從句意上看，倘若將「隱宮」注釋為「宮刑」，那「皆生隱宮」的解釋將牽強拗口。相比之下，若注釋為「刑滿人員工作的地方」，則句意清晰，一目瞭然。由此可見，此說有其合理性，並非標新立異的突兀之說。

除「隱宮」一詞使趙高蒙冤外，最致命的要數後人對「宦」字的誤解了。《史記‧李斯列傳》有記載，說趙高是「宦人」，有「宦籍」。根據新出土的《張家山漢墓竹簡》，「宦」，意為「在宮中內廷任職」；「宦人」，就是「任職於宮內之人」，相當於皇帝的親近侍衛。「宦籍」，即「用來登記出入於宮門者的登記冊」。秦漢時代，被施以宮刑去勢的男人稱為「奄（閹）人」，在宮中任職的閹人被稱為「宦奄（閹）」。由此可見，趙高是任職於宮中的宦人，即皇帝的近臣，而不是後人所理解的「太監」宦官。

字詞上的誤解，只是趙高蒙冤的源頭，而源遠流長的罵名，則依附於歷朝歷代接連不斷的由宦官專權、擾亂朝綱引起的改朝換代、亡國滅祖的禍患。無論是朝臣抑或百姓，都對宦官的惡劣行徑痛恨不已。在文獻記載的誤讀之下，聯繫史籍中趙高的所作所為，「趙高是宦官」的流言經久不衰，也可謂之「情理之中，意料之內」了。

畫醜昭君是毛延壽所為嗎

　　昭君出塞的故事不僅被載入歷史課本，更在影視劇中重現，她對漢匈之間的和平局勢所做的貢獻為世人稱頌。然而出塞的壯舉背後，又有多少鮮為人知的無奈與冤屈？毛延壽因畫醜昭君被殺，恐怕要數其一。

王昭君

　　東晉的雜書《西京雜記》中記載了昭君出塞的故事，眾人皆知漢元帝後宮美女眾多，需要依靠畫師為其畫像，以便漢元帝能從中挑選相貌出眾之人。為了能夠早日得寵，後宮眾人都爭相賄賂畫師，希望畫師能把自己畫得更美，而唯獨昭君不願賄賂畫師，於是被畫師醜化，無緣得見龍顏。

　　後來匈奴單于入朝，請求和親，皇帝便按畫像選人，便選中了樣貌不佳的昭君。等到皇帝召見她時，才發現她樣貌出眾，知書識

禮。皇帝懊悔不已，但又不能失信於匈奴，於是遷怒於畫師並下令殺之。

《西京雜記》中提到的畫師並不止毛延壽一人，還有陳敞、劉白、龔寬、陽望、樊育等人，均在同一天被殺。至於醜畫昭君的畫師是誰，書中並未交代。不知經歷了怎樣一番人云亦云，以訛傳訛。總之，自此之後，畫醜昭君的罪名就落到了毛延壽這位老兄的頭上了。

歷史上不乏為毛延壽喊冤之人，如宋代著名詩人、王安石。他在《明妃曲》中云：「意態由來畫不成，當時枉殺毛延壽。」在他看來，毛延壽並不是故意將昭君畫醜，而是因為人的神韻儀態本來就很難用畫像的形式準確地表現出來，難怪毛延壽筆下的昭君與真人不符。

范曄的《後漢書‧南匈奴傳》中關於昭君出塞的詳盡記載，更顯「毛延壽畫醜昭君」為無稽之談。記載曰：「昭君字嬙，南郡人也。初，元帝時，以良家子選入掖庭。時呼韓邪單于來朝，帝敕以宮女五人賜之，昭君入宮數歲，不得見御，積悲怨，乃請掖庭令求行。呼韓邪臨辭大會，帝召五女以示之。昭君豐容靚飾，光明漢宮，顧影裴回，竦動左右。帝見大驚。意欲留之，而難於失信，遂與匈奴。」

由此看來，昭君是自願請求在先，奉召示眾在後，並無皇帝選畫之說，更無毛延壽醜化昭君之言。

究竟是否毛延壽畫醜昭君，史書的空白，後人的杜撰，給世人留下了一道難解之謎。

為什麼曹操欲除孔融而後快

「孔融讓梨」的故事幾乎成為現代教育中不可或缺的典型範例，孔融也因此給世人留下了自幼品性善良、尊敬兄長的美好形象。然而，四歲孩童的讓梨之舉，僅僅是他人生中一個稍縱即逝的片段。長大後的孔融，在亂世之中從政失敗，以不孝、謀反之罪被處死，給世人留下了又一個難解之謎：為何曹操一定要將孔融處死？

事出必有因，其中最致命的因由莫過於孔融盛名之下恃才傲物、不識時務地莽撞諫言。

孔融的確是個博聞強記、才華橫溢的學者文人，但絕不是個精通實務、善於用人的政治家。不具備政治才能仍想混跡於官場，稍有自知之明者就該收斂行事，虛心做人。可才氣頗高的孔融，仗著犀牙利筆，目空一切。雖說他對古之治國方略、教化方針相當熟悉，與人辯論援引古今，達到「玩而誦」的程度，也因此深得曹操佩服。但他處處與人針鋒相對，言辭犀利地諷刺挖苦，久而久之，終於禍從口出。

公元197年，袁術在壽春稱帝。曹操一時無法殲滅之，滿腔怒火無處發泄，便遷怒於與袁術聯姻的太尉楊彪，誣陷楊彪

曹操

企圖廢黜天子，上奏疏請求收捕下獄，判處楊彪大逆不道之罪。孔融聽說後，立刻找曹操理論，援引《周書》所云「父子兄弟，罪不相及」，何況楊彪和袁術只是親家！曹操推托說是皇帝的旨意。孔融又以「周公攝政，成王殺召公，周公豈能不知」作比，字字鏗鏘，句句在理，逼得曹操無言以對，無奈之下唯有放過楊彪。

孔融憑藉一己之力阻止了曹操陷害楊彪，不知自省以安身，反而得意忘形，一有機會便以諷刺、挖苦的方式和曹操唱反調。時值戰亂之年，災荒頻現，為了戰事的需要和百姓的生機，魏蜀吳三國都曾多次下達禁酒令。可曹操一頒布禁酒令，就遭到了孔融的反對，更公然狂言道：「若因酒能亂世而禁酒，那麼桀、紂因色亡國，為何現在只禁酒而不禁婚姻？」以孔融當時的盛名，如此做法對禁酒令的實施極為不利。曹操考慮到孔融不過是為了出風頭，勉強忍之。

平定北方之後，曹操下令南征，討伐劉備、劉表和孫權等人。孔融極力勸阻，逞言強辯。先說劉備、劉表是漢室宗親，不可討伐；又說孫權虎踞江東，不易攻取；甚至直言如果攻之就是興無義之師，有失民望。曹操終於忍無可忍斥退孔融，並下令再有諫阻者一律處死。孔融走出曹府後，仰天長嘆：「以無義之師討伐仁義之師，豈有不敗之理？」

曹操聽聞如此狂言，加之此前被孔融一而再再而三地挖苦反對，盛怒之下，派人祕密搜羅孔融的狂妄之言，終於以不孝、謀反等罪名，置之於死地。

孔融一生聲望再高，也不過是個有才無智、恃才傲物的書生。生逢亂世卻無治世之才，名高於實卻不知自省，難怪曹操在公諸天下的布告上寫道：「融違天反道，敗倫亂禮，雖肆市朝，猶恨其晚。」

曹操不要皇帝名號的祕密

　　一代梟雄曹操，出身卑微卻胸懷大志，憑藉對權謀與智慧的妙用，在東漢末年的董卓之亂中拔地而起。到建安元年（公元196年），曹操迎獻帝至許昌，挾天子以令諸侯。依靠如此優勢，梟雄奮起，統一了黃河流域，官拜丞相，封魏王，成就宏圖霸業，開創了三國鼎立的局面。

　　曾被認為是「治世之能臣，亂世之奸雄」的曹操，在其「知天命」之年達到了權力的巔峰。然而，他最終沒有承接「天命」登上帝位，給世人留下了一個千古之謎。

　　嘗試解開謎題者，百試不殆，述其原因如下：

1. 背不起亂臣賊子的罵名

　　東漢末年，漢室衰微而天下大亂，但綱常倫理、忠孝禮義仍在。曹操雖有雄才大略，亦擺脫不了儒家文化的影響。在爭權奪利、內征外戰的血雨腥風中，一直以天子之名出師，以捍衛朝廷的名義進行。

　　曹操深知，如果自己廢獻帝，登帝位，那他將淪為千夫所指的罪人，難逃今生來世歷朝萬代的唾棄與責罵。這是一代梟雄背負不起的重擔，曹操也不例外。他一再表明自己絕無稱帝之心，絕不是篡權奪位的「奸佞小人」，而是忠心輔政的「賢能將

相」。足見其受儒家正統文化影響之深，斷不敢冒天下之大不韙而背負亂臣賊子的罵名。

2. 經不住群起而攻之的激戰

雖然曹操已取得了對漢室的絕對控制權，但他的勢力仍局限於北方，東南、西南的孫權、劉備亦非等閒之輩。曹操如果貿然稱帝，必將成為眾矢之的，讓孫權、劉備等人有了一個討伐亂臣賊子的幌子，繼而帶領天下英雄群起而攻之。

如此一來，他苦心經營的「挾天子以令諸侯」的絕對優勢如流水東去，難挽狂瀾，不僅陷入政治和道德上的被動，更有可能引發一場空前慘烈的激戰。任其再怎麼兵精將廣，一旦以亂臣賊子的身分與天下豪傑對抗，勝算可想而知，亦難逃「偷雞不成蝕把米」的下場。面對如此不利的形勢，心思縝密的曹操，又豈會為了一時的痛快而陷自己於萬劫不復之地。

3. 看不上虛名而重實權

曹操為人講求實際，實權與虛名孰重孰輕他再清楚不過。能夠從亂世中一路走來，靠的不只是雄心壯志，更是為達目的不擇手段的務實作風。稱帝不過是多得了個名號，而天子詔令由他口授，朝廷政策由他制定，官員任命由他授意，這一切足以證明他名為丞相實當皇帝。皇帝名號，此時不僅不能錦上添花，反而可能因此而遭落井下石之罪，要它何用？

一句「若天命在吾，吾為周文王矣」，似乎道出了梟雄的心願，點破了曹操寧為兒子鋪路也不願自己稱帝的決心。然其心中真實的想法，歷千年滌蕩仍撲朔迷離，但憑後人評述。

華歆是奸臣嗎

說到華歆（音，欣），因為一則「管寧割席」的故事，再加上京劇《受禪台》（又名《獻帝讓位》）中的精彩片段，給世人留下了貪慕虛榮、為虎作倀的奸臣形象。然華歆真是為虎作倀的奸臣賊子嗎？

《世說新語·德行》中記載：「管寧、華歆共園中鋤菜，見地有片金，管揮鋤與瓦石不異，華捉而擲去之。又嘗同席讀書，有乘軒冕者過門，寧讀如故，歆廢書出看。寧割席分坐，曰：『子非吾友也！』」然而人活於世，德行高低的標準本就尚無定論，見到片金拾起，遇到熱鬧觀望，在今天看來可謂人之常情，實難因此而說華歆貪慕虛榮。

京劇《受禪台》中，獻帝劉協，掛白鬚，著素衣、手捧玉璽，滿懷亡國之痛，唱腔淒慘；太尉華歆，金冠玉帶，翎羽高挑，按劍逼帝，揮來使去，一副奸臣模樣。正是這副「盛勢凌人、氣焰囂張」的奸邪模樣，使得華歆被世人認定為助魏篡漢、助紂為虐的千古罪人。翻查正史，並未找到關於華歆如何逼獻帝讓位的記載，而是在《三國演義》中有「華歆諂事魏，故草次詔，威逼獻帝降之」的描述。舞台形象取材於此，豈不冤哉。

事實上，《三國志》注引華嶠《譜敘》時說，華歆在曹丕受獻帝禪位時，並非氣焰囂張，而是面露憂色。曹丕對此不滿，問尚書陳群：「我應天受禪，諸侯群後，無不人人喜悅，其形盡現

於聲色，唯獨相國（指華歆）和你臉有不豫，這是為了什麼呢？」陳群答曰：「臣與相國曾為漢朝之臣，內心雖為陛下感到喜悅，但在義理上，臣等的神色實應畏懼，甚至憎恨陛下才對。」曹丕遂打消疑慮。

華歆歸附曹操後，曾任議郎、尚書、侍中、尚書令，赤壁之戰時任軍師，曹丕即位後拜相國，一路官運亨通，並非趨炎附勢，而是亂世之中不可多得的治世之才。他主張重農非戰，重視文教德化。太和初年（公元227年），魏明帝派兵攻打蜀漢，華歆上疏堅決反對，並指出：「為國者以民為基，民以衣食為本」，應先治理好本國事務，「以征伐為後事」，「兵不得已而用之」，切不能捨本逐末。時值秋雨連綿，不利於戰，明帝採納了他的建議。

華歆位極人臣，卻始終廉潔自奉。當年他受曹操徵召將行，「賓客舊人送之者千餘人，贈遺數百金。」華歆推辭不過，就暗自在禮品上做記號，事後一一送還。魏文帝時，華歆官拜相國，但「歆素清貧，祿賜以振施親戚故人，家無擔石之儲。」

華歆無論在做人還是做官方面，都並非大奸大惡，一切罵名皆因參與了漢禪位於魏的改朝換代而易其主。

史書《三國志·武帝傳》注引《曹瞞傳》中記載，皇后伏氏曾寫信給父親伏完，言及曹操「殘逼之狀」，並「令密圖之」。此事泄露，曹操大怒，派華歆「勒兵入宮」。華歆「壞戶發壁，牽後出」。華歆因此遭世人非議。

身逢亂世，帝王之位有能者居之，治世之才如良禽擇木而棲。若有才不為國家所用，有力不救民於水火，只顧清高，明哲保身，又豈能為世人敬仰、萬代流芳？華歆本是一代名相，結果卻落下一世罵名，實在是受文人杜撰所累，不可妄信之。

「孔明」原來有兩個

　　一千七百年前，蜀國丞相諸葛亮，以其過人的智慧、高尚的德行，千百年來備受世人的尊敬與推崇。眾人皆知諸葛亮字孔明，孰不知在那個群雄並起烽煙彌漫的三國時代，還有一位才德兼備的孔明——胡昭。

　　胡昭，字孔明，魏國潁川（今河南禹縣）人，生於161年，卒於250年。胡昭幼讀經史，學識淵博，尤其精通典史，善於書法。他師承大書法家劉德升，與鍾繇齊名，不相伯仲，素有「尺牘之跡，動見模楷」的美譽。更因弱冠之年就有絕世之才華而被世人稱頌。

　　胡昭生逢亂世，卻厭惡出仕為官，寧可隱居陸渾山中（今河南嵩縣東北），在當地開館辦學，教授貧苦百姓讀書識字，明辨是非。不僅使當地的教化之風得以改善，還以理相勸，幫助百姓解決械鬥之爭，使社會風氣日漸好轉。

　　胡昭的辦學頗有成效，很多世家子弟都前來求學，其中就包括河南溫縣的世家大族子弟司馬懿。胡昭看出司馬懿聰慧過人，機智敏達，料定此人將來必成大器，於是竭盡所能，傾囊相授。胡昭對司馬懿，不僅有傳道授業之義，更有捨命相救之情。司馬懿雖敏於學卻傲為人，與他人結怨，遭人追殺。幸得胡昭歷盡艱辛趕往勸說，司馬懿才得以死裡逃生。

　　胡昭志不在朝野，卻生不逢時。時值東漢末年，權臣涉政，

群雄並起。各路諸侯為了增強實力，爭奪地盤，紛紛廣發英雄帖，招攬人才。

求賢若渴的曹操得知胡昭是才德兼備之人，且在當地頗負盛名，於是多次派人請胡昭入仕為官。胡昭不為所動。然曹操不厭其煩，屢次相邀，逼得胡昭無奈之下親自前往拜見。即使直面當朝丞相，胡昭仍態度堅決，自言「一介村野民夫，無軍國之用，早已習慣於躬耕樵讀的田園生涯，做官入仕，非我輩所為，斷不從命，還望丞相見諒，准許息隱山林。」曹操深知人各有趣不能強求，雖求賢若渴，也留不住拒他於千里之外的胡昭。

袁紹亦聽聞胡昭才華蓋世，韜略過人，不惜降尊紆貴，多次登門拜訪，請胡昭出山，輔佐自己爭霸天下。胡昭本就不齒於官場的爭名逐利，更看透袁紹嫉賢妒能之心，對袁紹的邀請「堅辭不就」。為防袁紹設計加害，胡昭悄悄逃離冀州。幾日之後，袁紹果然頒下緝拿令，然胡昭已遁入山林，得以逃過一劫。

胡昭對各路諸侯接連不斷地辟召避之不及，才不得不遷居陸渾山中。其後遷至宜陽（今河南省宜陽縣境內）居住，仍難免魏帝曹芳的「公車特招」。而胡昭正是在這一年病逝，終究沒有入仕為官。

於是，悠悠幾千年以來的中國歷史上，便只留下了諸葛孔明的「鞠躬盡瘁，死而後已」，而隱沒了胡昭的「尺牘之跡，動見模楷」。

諸葛亮為何難以入圍千古名相之列

三國爭雄的烽煙已消散在歷史的長河之中，膾炙人口的《三國演義》似乎已將諸葛亮定位成了千古名相。然而，諸葛亮因其用人不善與謀略上的失敗，在躋身名相行列的道路上艱難地徘徊……

諸葛亮身為蜀漢丞相，才智過人，工作勤懇，處事謹慎，「自校簿書」，「罰二十以上親覽」，以致積勞成疾；每次出征必親自領兵，對於軍中、朝中一切事務都親自打理。這不僅反映出其用人無方，更反映出其不善權謀。

凡事親力親為，並非為官之道。為官重在善用賢能，官階越高，就越要學會宏觀掌控全局，任用賢才揚其長補其短。諸葛亮給全國上下展示了一代忠臣鞠躬盡瘁的典範，卻忘了為各方將領留下一展所長的空間與機會，忽略了將國運寄於一人之努力的危機，從而導致了蜀國的整體實力得不到充分發揮，危難關頭有才之士湮沒於草莽的慘狀。

這便是諸葛亮不注重培養人才的

諸葛亮

後果，任其生前雄才大略，一旦英靈入土，曾經耗盡其心力的蜀國便陷入人才匱乏的危機而難以自拔。

1.用人不善，豈止痛失荊州、街亭

當年劉備打算調諸葛亮入川，諸葛亮便留下關羽守荊州。可關羽為人驕傲，拒絕執行諸葛亮聯吳抗曹的戰略，結果導致了大意失荊州的悲劇。錯用關羽守荊州，諸葛亮付出了慘重的代價，這對蜀漢幾乎是毀滅性的打擊。

馬謖「失街亭」，令人扼腕嘆息的，不僅是街亭之失帶給蜀漢的慘敗，更是諸葛亮再一次用人不善的悲劇。劉備在世時就已看出馬謖為人不踏實，也曾叮囑諸葛亮，「此人言過其實，不能派他幹大事，仍需要好好觀察。」

劉備認識到馬謖作為一個高級參謀是很合適的，但並不適合做一個將領。諸葛亮卻意識不到這一點，也沒有把劉備的叮囑放在心上。街亭一役，派馬謖當先鋒，王平做副將，最終「街亭失而幾使孔明無退足之處矣」。

2.謀略不當，耗盡心力淚滿襟

毛澤東在讀蘇洵《權書・項籍》中有關評說諸葛亮「棄荊州而就西蜀，吾知其無能為也」一條時，寫下了精彩的批語：「其始誤於《隆中對》，千里之遙而二分兵力，其終則關羽、劉備、諸葛三分兵力，安得不敗。」

諸葛亮在「隆中對」中提到：「待天下有變，則命一上將將荊州之兵以向宛、洛，將軍身率益州之眾以出秦川，百姓有不簞食壺漿以迎將軍者乎？」

荊州、益州，相距千里之遙，兩地分兵的做法必然讓劉備軍

團難以集中兵力上的優勢。其結果，關羽鎮守的荊州被孫權軍團偷襲成功，關羽父子亦命喪孫權手中。

　　由此，毛澤東評論蜀漢衰亡「其始誤於隆中對」。

　　「出師未捷身先死，長使英雄淚滿襟。」

　　諸葛亮不愧為忠臣的表率，以其「鞠躬盡瘁，死而後已」的鏗鏘誓言立下了英魂的豐碑。但他是否堪稱「千古名相」，仍為歷史與後人留下了不解的疑思……

房玄齡穩居相位的玄機

房玄齡，大唐開國名相，對唐朝初年「貞觀之治」局面的形成可說是居功至偉，無人能及。雖經歷宦海浮沈，三起三落，仍能穩居相位，後世流芳。其中的祕訣，耐人尋味。

自幼聰敏好學的房玄齡，博學多才不在話下，更難得的是他天生一副敏銳的政治觸覺。在秦王李世民還只是個年近弱冠的血氣男兒時，房玄齡就察覺到其天命所在。

當時，李淵父子起兵不過短短兩個月，一切都還是未知之數，而房玄齡就認定了隋朝將亡、李家王朝取而代之，於是毅然「杖策謁於軍門」，投奔李世民。

房玄齡老成持重，目光長遠。每次出征得勝，其他將領爭先恐後地搶奪珍玩寶物，唯房玄齡憂心於為李世民招攬人才，蒐集各地民情民風、圖書典籍，以備有朝一日治國之用。房玄齡的做法間接為李世民樹立了求賢若渴的高大形象，在爭取民心的鬥爭中把握先機。他的遠見卓識，令李世民嘆服。

房玄齡在「玄武門之變」的皇位鬥爭中，充當了重要的謀士角色。當時李世民雖為次子，但因戰功顯赫，加號「天策上將」，位於一切王公之上。

太子李建成對此心生疑忌，認定李世民會威脅到他繼承皇位，便與四弟李元吉聯合，妄圖置李世民於死地。房玄齡力薦李世民效法周公，除掉李建成及其同黨，這樣才能鞏固李唐王朝的

統治，確保國家社稷的安定與昌盛。

房玄齡的建議與李世民的想法一拍即合，使他成為推動李世民發動宮廷政變的重要人物，從而也奠定了他在秦王登基之後的特殊地位。

李世民即位後，任命房玄齡為尚書左僕射，行宰相之職。在22年的宰相生涯中，房玄齡忠心耿耿，為貞觀之治嘔心瀝血，鞠躬盡瘁。他夜以繼日地工作著，事無巨細，事必躬親，甚至肯屈尊兼做「度支郎中」，親力親為地打理財政預算和賬目。他的忙碌讓李世民都難以承受，曾當面勸他不要總把自己弄得太疲累。可房玄齡依舊如故，不為所動。

房玄齡深知「滿招損、謙受益」的道理。在李世民授予他「太子少師」的職銜時，上表請求解除機要職務退出權力中樞。

李世民不僅不批准，還下詔命令他不得繼續上表就同一問題再次請求。當太子準備儀仗隊要正式拜見老師的時候，房玄齡始終沒敢接受如此禮遇。縱使身居相位，仍謙恭禮讓，謹慎維持君臣之道。

房玄齡是名副其實的「宰相肚裡能撐船」，其寬大的胸襟，足以令同朝為官者拜服。

有一次他重病在床，奄奄一息。一個特別尖酸刻薄的官員居然說：「一個人應該分得清輕重緩急，譬如宰相生病這件事，在我看來就很有區別對待的必要。一般情況下，如果

房玄齡

房玄齡生的是小病，我們絕對應該前去看望，因為這樣可以加深和宰相的感情，以後，宰相也會給我們點恩惠。如果宰相病得嚴重了，那就另當別論。因為一旦宰相病死了，你去看望他所付出的就永遠沒有收回來的可能了。」

房玄齡知道後，不但沒有大發雷霆還以顏色，還在那人來探望之時面帶笑容地對他說：「謝天謝地，我知道我自己不會有什麼大的問題了，因為你都來看我了！」

「孜孜為國，知無不為」，道出了房玄齡的為官之道；「虛懷若谷，德才兼備」，更彰顯一朝盛世的名相風範。

馮道為何能事四朝，相六帝

縱觀中國千年歷史，正如《三國演義》開篇所言：「話說天下大勢，分久必合，合久必分。」歷史的車輪滾動到最後一個分裂割據時代——唐末五代十國時期，紛爭依舊，卻少了些許英雄氣概。然王朝更迭、江山代謝中，竟歷練出一個「亂世不倒翁」——馮道。

馮道自號「長樂老」，瀛洲景城（今河北滄州西北）人。觀其一生，處亂世而歷巨變，歷經後唐、後晉、後漢、後周四朝，俸事唐莊宗、明宗、愍帝、末帝，晉高祖、出帝，漢高祖、隱帝，周太祖、世宗，三入中書，擔任三公、三師等職，六任宰相，為官三十一年，幾度處於權力頂峰而不倒。政權和皇帝輪替更迭，馮道卻一路官運亨通，不但長年位極人臣，死後更被追封瀛王。馮道究竟有何過人之處，能夠事四朝，相六帝？

一、為官不作為，圓滑應對

馮道為官，「臨難不赴，遇事依違兩可，無所操決，唯以圓滑應付為能事。」俸事後晉石敬瑭時，石敬瑭曾以用兵之事詢問馮道，馮道答：「陛下歷盡艱險，創成大業，神武睿略天下無有不知。兵伐之事，陛下一定要自己決斷。臣下本是一書生，為陛下在中書，守歷代成規，不敢有一絲一毫的差錯。臣下在（後唐）明宗朝時，明宗曾以兵事相詢，臣也是這樣回答他的。」馮道將皇帝誇得龍顏大悅，並表明自己行宰相之職，忠心耿耿。對

於用兵之事，並無提出良方妙計。不僅不被怪罪，反而深得石敬瑭歡心。

二、處事不執著，見風使舵

馮道不執著於大德大義，在朝權更迭的關鍵時刻，恰如其分地見風轉舵，依附於最有實力的當權者，盡己所能表現出對新主的「赤膽忠心」。後唐明宗死後，愍帝即位，馮道仍為宰相。其時潞王李從珂在鳳翔起兵造反，愍帝聞之遂逃往衛州。馮道一看愍帝大勢已去，「視其君如路人」，親率百官迎接潞王李從珂入城，擁立李從珂為後唐末帝，自己繼續擔任宰相一職。

三、做人不敗德，潔身自好

馮道為人寬厚，不拘小節。從不結黨營私，也不與人爭權奪利。馮道為官清廉，生活儉樸。

後唐莊宗時，馮道任翰林學士，其父去世後，馮道回鄉丁憂。當年莊稼歉收，馮道便把自己的俸祿拿來賑災，地方官贈送的糧食布匹一概不受。

馮道不好女色，濟世為懷。遼滅後晉時，馮道隨耶律德光北歸至常山，見到為契丹所擄掠的中原女子，便私下出資將她們贖回，寄於尼姑庵中，之後再為她們尋找家人領回。

縱使馮道不算英雄，然歷經四朝淘洗，相位依舊，古今多少德義之爭，皆付談笑中。

> 滾滾長江東逝水，浪花淘盡英雄。是非成敗轉頭空。青山依舊在，幾度夕陽紅。
>
> 白髮漁樵江渚上，慣看秋月春風。一壺濁酒喜相逢。古今多少事，都付笑談中。

為何君子小人都不喜歡寇準

　　宋景德元年（1004年），遼軍大舉侵宋，寇準力主抵抗進而促成「澶淵之盟」，穩定了暫時的局面，也為北宋之後一百多年的和平發展提供保障。此後，寇準受到了真宗的高度禮遇與信任，一路升任丞相。

　　然而，寇準的仕途跌宕坎坷，四起四落，最終難逃被貶至雷州（今廣東海康）司戶參軍的厄運。究其原因，六字記之曰：偏離「正」，過於「直」。

　　《宋史》中說到寇準最多的就是「正直」二字。寇準的確「直」得令人佩服，但說他「正」，就見仁見智了。

　　「澶淵之盟」的功績讓寇準的權力慾望達到巔峰，使他能夠毫無顧忌地獨攬大權，肆無忌憚地插手丞相本無權過問的人事任免，更時常咄咄逼人地左右皇帝的決定。不僅如此，對朝中同僚亦是氣焰凌人。寇準被貶之後得以重回權力之巔，出任西府樞密正使，宰相王旦的力薦功不可沒。然而寇準根本不把這位晚於他為相的同僚放在眼裡，不僅不通力合作，還處處針鋒相對，一有機會就想方設法挑其毛病，上報皇帝。然而王旦「宰相肚裡能撐船」，認定寇準是難得的人才，不僅沒有設計報復，反而多番在皇帝面前極力推薦，勸皇帝對其委以重任。相比之下，孰小人孰君子，一目瞭然。

　　寇準畢竟不是聖人，偏離正道亦不足為奇。然其至死不改的

倔強耿直，著實令人嘆服。不過為人太過正直，在官場行走就難免處處樹敵。無論是對同僚，還是對皇帝，寇準較真起來絲毫不讓，非論出個是非對錯不可。

一次殿上議事，寇準言辭過於激烈，宋太宗幾次打斷都無法阻止寇準的放肆狂言，一氣之下，猛然起身離去。寇準見狀，一步上前拉住宋太宗的衣角，硬是將其拉回坐下。幸好寇準爭得在理，免了一次殺身之禍。然而，他並不是次次都在理，次次都走運的。

寇準第一次被貶，就起因於他與政敵的無理爭吵，互揭其短。一日，寇準和溫仲舒騎馬並行，突然衝出個瘋子擋住去路，向寇準三呼萬歲。此事被寇準的政敵張遜得知後，派人向皇帝密告，揭發寇準有異心。寇準以溫仲舒為證人，為自己辯護。由此

在太宗面前引發了一場激烈爭吵，使得太宗龍顏大怒，當下撤了張遜的職，同時也把寇準貶去了青州。

寇準最終被佞臣丁謂陷害，落得慘淡收場，溯其源頭便是他那句直白的諷刺：「參政，國之大臣，乃為官長拂鬚耶？」當年，寇準與丁謂關係親密，在一次宴會上，丁謂見寇準的鬍鬚上黏了些飯粒，便起身替他拂去。結果好心沒好報，反而遭來寇準一句冷言，丁謂由此記恨心中，最終「大仇得報」，將寇準趕到了雷州，終結了他迭宕起伏的坎坷仕途。

寇準

包拯有沒有當宰相

　　中國歷史上判案鐵面無私、為官公正嚴明的「包相爺」，在世人的心目中堪比「青天」。然而這位以為民申冤、造福百姓為己任的青天大老爺，卻未曾獲得丞相之名，「相爺」之稱實乃誤傳。

　　秦腔《鍘美案》一劇，把包拯稱為「相爺」，秦香蓮有唱詞道：「相爺替民伸屈冤……」然而，綜觀北宋一朝的官制和包拯一生的仕途，不難發現，包拯並未為相。

　　在宋朝時期的政治體制中，宰相制度仍居於核心地位，處於所謂的「調整期」，正副宰相同設，多相並行，編制並不固定。這明顯是在集中皇權、分散相權，以緩和皇權與相權之間的種種矛盾。

　　北宋前期，中書門下的長官為正宰相，亦稱「同中書門下平章事」，副宰相稱「參知政事」。後來參知政事與正宰相基本無異，更加分散了正宰相的權力。

　　宋太宗後，一相四參或二相二參是常有之事。但無論怎樣調整宰相制度，皇權與相權之間的矛盾都無法得到徹底解決。

包拯

　　包拯是北宋天聖五年（1027年）的進士。中進士後，因父母年邁，不忍遠去為官，直到雙親相繼去世，守孝完畢，才在親友的勸說下步入仕途。

　　宋景祐四年（1037年），包拯任天長知縣，頗有政績，後調任端州知州。回京後，任監察御史裡行，又改監察御史，為「言事官」，對處事不當，行事不法的官僚，都可以進行彈劾。包拯曾七次上書彈劾江西轉運使王逵，並嚴厲批評宋廷的任官制度，朝野為之震動。

　　嘉祐元年（1056年），朝廷任包拯權知開封府。在短短一年多的時間裡，包拯把開封府治理得井井有條，贏得了百姓的愛戴和敬仰。

　　嘉祐六年（1061年），包拯官至樞密副使，次年五月病逝，「京師吏民，莫不感傷」，嘆息之聲，大街小巷皆可聞之。

　　包拯為官二十餘載，最高任職樞密副使。而樞密院是管理軍國大事的最高國務機構之一，樞密使的權力與宰相相當。

　　由此看來，包拯的職權與副宰相無異。然而宰相的名號，卻始終沒有落在這位鐵面無私的判官頭上，這是個不爭的事實，也算是北宋王朝的一大遺憾吧！

王安石與蘇東坡的複雜關係

位列「唐宋八大家」的王安石、蘇東坡，皆是當時才華橫溢的詩人和散文家，皆是年輕有為的朝臣棟梁。兩人因緣際會地相逢於北宋王朝那個積貧積弱、內憂外患的年代，身不由己地陷入變法革新的黨派之爭不能自拔。政見上的背道而馳，使王安石和蘇東坡在官場中針鋒相對。許多反對變法的保守派因此大做文章，把二人說成不共戴天的仇敵。

1. 黨派之爭，結下「不共戴天之仇」

當時，王安石是堅定不移的變法派領袖，而猶豫不定的蘇東坡眼見新法在實施過程中常被貪污腐敗之人利用，成為盤剝百姓的工具，對王安石激進的改革作風不能苟同，於是走上了積極反對變法的道路。

熙寧二年（1069年），王安石準備變更科舉制度，請求興辦學校，在科舉考試中罷黜詩賦等科目，專以經義、論、策來考試。蘇東坡隨即上《議學校貢舉狀》，論述貢舉之法行之百年不可輕改，得到宋神宗的召見。王安石對此極為不滿。

王安石

之後，宋神宗想讓蘇東坡編修中書條例，王安石強烈反對：「軾與臣所學及議論皆異，別試以事可也。」當王安石得知神宗打算任用蘇東坡當諫官時，更是極力阻止，並派蘇東坡去做府推雜事的小官。

蘇東坡在任開封府推官期間，又呈上《上神宗皇帝書》、《再上神宗皇帝書》，直言反對新法。而最令王安石忍無可忍的，是蘇東坡的《擬進士對御試策》，其中提到：「晉武平吳，獨斷而克；苻堅伐晉，獨斷而亡；齊桓專任管仲而霸，燕噲專任子之而敗；事同功異。」蘇東坡借此含沙射影地批判王安石在變法過程中不顧阻撓的「獨斷專行。」

王安石怒不可遏，向神宗諫言：「軾才亦高，但所學不正……請黜之。」幾天後，他又對神宗說：「如軾者，不困之使自悔而紲其不遜之心，安肯為陛下用！」恰巧朝中有人告發蘇東坡兄弟運父靈回鄉的過程中偷運私鹽，王安石立即下令徹查，並拘捕了相關人員審問。雖然之後查明此事實屬誣陷，但經歷了這一次又一次的交鋒，蘇東坡自知已無法再在朝中待下去，於是請求外放，出任杭州太守。

2.心心相惜，堪稱「文人相親」之範

蘇東坡雖去，朝中反對變法之聲不減。王安石在遭逢誣陷之冤與喪子之痛後，罷相辭官，回到江寧老家。兩人一先一後離開了廟堂之高而處江湖之遠，終有機會冰釋前嫌。

元豐初年，王安石的「朋黨」李定、舒亶、何正臣等人向神宗皇帝上奏，說蘇東坡「謗訕朝廷」。神宗震怒，傳旨將蘇東坡逮捕入獄。不久，蘇東坡被定罪候斬。除其弟蘇轍外，滿朝文武無人敢為他求情。此時王安石身在江寧，待他得知這場轟動朝野

蘇東坡（張大千畫）

的「烏台詩案」時，蘇東坡罪名已定，性命危在旦夕。想到國家正值多事之秋，而蘇東坡的確是個難得的人才，王安石立即派人快馬加鞭趕至京城，將自己的親筆書信呈給神宗皇帝。信中說道，目前國家正值用人之際，切不能因為蘇東坡寫了一些不中聽的小詩就錯殺良才。神宗皇帝對王安石敬重有加，看過信後，亦覺得頗有道理，便下旨釋放蘇東坡，將他貶到黃州。

元豐三年，蘇東坡奉命從黃州移居汝州。途經江寧，想起隱居於此的王安石，深為過去王安石不計前嫌冒死相救而感動不已，於是乘此機會專程拜訪，以消除多年的隔閡。王安石聽說蘇東坡來到江寧，馬上披蓑衣戴鬥笠，騎著瘦驢風塵僕僕地趕到渡口與蘇東坡相會。兩人在江邊煮酒和詩，通宵達旦。此後兩人同遊數日，暢談甚歡。

事實上，兩位集文學底蘊與政治卓見於一身的風流人物，從未成為真正的敵人。政見上不可調和的矛盾，僅僅在於各自看問題的角度不同，而二者的初衷，都是為國為民，絕不存在對錯之分、忠奸之別。王安石與蘇東坡，於文學中的相互欽佩，於政治上的彼此寬容，使多年的官場恩怨最終煙消雲散，成為中國歷史上「文人相親」的典範。

秦檜是金人放回的奸細嗎

115

三十功名塵與土，

八千里路雲和月。

莫等閒，白了少年頭，空悲切！

　　抗金英雄岳飛的《滿江紅》，氣勢磅礡之音言猶在耳，精忠報國之人卻已魂歸西天，唯留下滿腔熱血的英雄氣概，在悠悠歷史中蕩氣回腸。後世之人對這位精忠報國的赤子忠魂難以忘懷，無限感慨，同時也為他報仇雪恨，用歷史的罵名將當年那個用「莫須有」的罪名害死他的奸佞小人——秦檜，牢牢地釘在了恥辱柱上。

　　秦檜不愧為中華民族「頗負盛名」的奸佞小人。世人眼中的秦檜，一生作惡無數，竊權弄柄、裡通外國、無恥求和、屠害忠良、貪污索賄，壞事幹盡，天良無存。

　　岳王廟一副對聯「青山有幸埋忠骨，白鐵無辜鑄佞臣」，表達了多少代人為岳飛抱憾，恨秦檜入骨的剛烈情懷。然而，無惡不作、陷害忠良的奸佞小人秦檜，真如世人所咒罵的那樣，是金人放回的奸細？

　　認為秦檜是金人放回的奸細，這不只是民間百姓的一般見識，在學術界幾乎也成了一個公認的事實。堅持此看法的學者們，主要以古籍文獻中的記載為依據。

朱勝非的《秀水閑居錄》中記載：「秦檜隨敵北去，為大帥達賚任用，至是與其家具得歸。檜，王氏婿也。王仲山有別業在濟南，金為取千銖解其行，然全家來歸，碑僕無故。人知其非逃歸也。」

　　先說朱勝非其人，靖康之恥後，金人欲立張邦昌為傀儡皇帝，秦檜堅決反對，並「進狀爭之」，而朱勝非正是張邦昌的友婿，他與秦檜之間早有矛盾。秦檜執政時，朱勝非被廢居八年。他寫的《秀水閑居錄》中認定秦檜不是從金國逃歸，很難排除是為了對秦檜打擊報復而擅自做出的臆測。

　　再看《秀水閑居錄》所言之事，疑問頗多。為何「全家來歸，碑僕無故」就能「人知其非逃歸也」？

杭州岳王墓，秦檜夫婦跪像

以秦檜在官場中跌爬滾打多年所歷練出的奸猾伎倆，也許真有辦法逃脫也未可知。其中細節史書中均無記載，後人不詳；當時朱勝非不在現場，又從何得知？可見一切皆屬推斷、臆測，難免夾雜主觀情感，有失公允。

說秦檜是金人的奸細，也許的確冤枉了他。但不得不說，這是他咎由自取，怨不得別人。秦檜回國後的所作所為，實難讓人不誤會其名為宋朝宰相，實為金國奸細。秦檜先是力主與金人議和，其後用「莫須有」的罪名置岳飛於死地。

客觀地說，以南宋當時的奄奄之勢，議和的確比不自量力地死拼到底更有利於南宋王朝日後的發展；而陷害岳飛，若無高宗皇帝的默許與縱容，若無「岳家軍」的名望震懾到皇帝的至上權威，恐怕秦檜再奸邪，也難有這天大的本事吧。

然而人之所以為人，正應了「情感動物」一詞。岳飛的死，增加了世人對秦檜的痛恨，甚至可以說，岳飛因秦檜而死於一時，秦檜卻因岳飛而遺臭萬年。

一句「人在世間羞名檜，我於墳前愧姓秦」，可見秦檜縱使能在史書典籍中得以平反，但在世人的心目中，他要想從岳飛墓前站起身，恐怕還得等上千年吧。

牛皋有沒有氣死金兀朮

　　「牛皋氣死金兀朮」一說，因20世紀80年代風靡一時的《岳飛傳》而為世人所知。岳飛屈死風波亭，令人悲嘆不已；而牛皋氣死金兀朮，則大快人心。

　　世人因此為岳飛之死找到了些許安慰，萬沒有想到，這不過是小說的精彩杜撰，並非歷史真相。

　　清代長篇歷史小說《說岳全傳》第七十九回「施岑收服烏靈聖母，牛皋氣死完顏兀朮」，描述了牛皋策馬追殺兀朮，兩人廝殺之時跌下馬，牛皋正好跌在兀朮身上，「跌了個頭搭尾」。兀朮回頭看到牛皋，怒吼一聲「氣死我也」，口吐鮮血而亡。牛皋大笑不止，一口氣接不上，竟笑死於兀朮身上。這便是「虎騎龍背，氣死兀朮，笑殺牛皋」的故事。

　　歷史上，牛皋和兀朮皆可謂戰場上的猛將。牛皋出身射世，精練武功，於紹興三年（公元1133年）加入岳家軍，深得岳飛器重，在對金作戰中屢立戰功，被譽為抗金名將。而兀朮即金太祖完顏阿骨打的四子完顏宗弼，善騎射，膽略過人，是宋金對峙時期傑出的軍事家、政治家。

　　牛皋在岳飛麾下，驍勇善戰，所向披靡。紹興十年（公元1140年），兀朮率兵南侵，《宋史·牛皋傳》記載：「飛命皋出師，戰汴、許間，以功最，除捧日天武四廂都指揮使、成德軍承宣使，樞密行府以皋兼提舉一行事務。」然牛皋是否直接迎戰兀

兀朮甚至與他短兵相接，卻未曾明說。而《金史‧宗弼傳》中亦未提及。

當年戰場上的情形已無從得知，然牛皋與兀朮的離世卻在史書中有明確的記載。根據《宋史‧牛皋傳》，牛皋是在紹興十七年，即公元1147年，被都統制田師中下毒害死的，也有可能是秦檜指使田師中所為。而《金史‧宗弼傳》中載兀朮是「皇統八年薨」，即死於公元1148年。

由此得以證實，「牛皋氣死金兀朮」純屬笑談一件。

朱元璋為何要殺劉伯溫

劉基，號伯溫，心思縝密，足智多謀，是朱元璋奪天下、建明朝的第一謀士。戰場上，劉伯溫運籌於帷幄之中，決勝於千里之外，在許多重要的決策中，他極其準確的判斷力，起到了制勝的關鍵作用。

然而，明朝開國後，劉伯溫只得了個次一等的伯爵封號，並且俸祿還是眾伯爵之中最低的。更令人匪夷所思的是，劉伯溫最終的命喪黃泉，竟與朱元璋有著千絲萬縷的瓜葛。仔細品評個中因由，不難發現，劉伯溫那身料事如神的本事，為世人所傳誦，但在助他立下汗馬功勞的同時，也將他推向了生命的終結。

朱元璋是個很重鄉土觀念的人，而劉伯溫是個外鄉人，本已在情分上有失親密。更重要的是，劉伯溫料事如神，對事情的判斷往往比他準確。從龍灣之戰到救援安豐，朱元璋能想到的，劉伯溫也想到了，而朱元璋想不到的，劉伯溫還是想到了。朱元璋又豈有如此寬廣的胸襟，容得下此等能人長期留在身邊？更何況，劉伯溫的那些計策並非安民之計，而是權謀之策，用在陰謀政變的風起雲湧中必有一番作為。這更令朱元璋心存猜忌，不僅要防患於未然，更要除之而後快。

劉伯溫最致命的失誤，驗證了「禍從口出」的箴言。朱元璋曾就誰更適合出任丞相一職的問題找劉伯溫談話，言語之中暗藏試探玄機。劉伯溫並非等閒之輩，但最終難免「智者千慮，必有

劉伯溫

一失」。當朱元璋故作意味深長地說出只有劉伯溫能擔此大任的時候，劉伯溫說道：「臣疾惡太甚，又不耐繁劇，為之且孤上恩。天下何患無才，唯明主悉心求之。」

此話究竟包含了怎樣的深意，使得朱元璋自此之後徹底與劉伯溫決裂，始終是個難解之謎。或許是朱元璋的偏見，或許是後人的誤讀，總之它被看成了劉伯溫的催命符，為其後來的突然病故埋下了伏筆。

至於劉伯溫的死因，同樣是個說不清道不明的謎。洪武八年正月，劉伯溫生病在家，朱元璋派胡惟庸前往探視，還給他送了補藥。劉伯溫吃過補藥，病情不見好轉反而日益嚴重，不久之後病逝。

劉伯溫與胡惟庸，當時早已是死對頭，朱元璋眼看著兩虎相爭而不動聲色，盡顯帝王權謀。雖然「下毒謀害劉伯溫」也是後來胡惟庸的罪狀之一，但以胡惟庸當時的權勢和處境，實難如此囂張跋扈，這不得不讓人猜想，他是受了朱元璋的默許，甚至這就是朱元璋的本意——借他人之手，除心頭大患。

以上種種，也許不過是籠罩在陰霾之下的臆測。事實如何，恐怕再難考量，就留待有心之人的無限遐思吧。

抬棺上疏的海瑞為何沒有被嘉靖所殺

嘉靖年間，海瑞抬棺上疏，直言進諫。「抬棺上疏」是後人對海瑞冒死進諫的嘆服之詞，雖有些許誇張，但也不算過分。

歷代王朝，多的是直言進諫之忠臣良將，為何獨海瑞上疏而名聲大噪？不得不從嘉靖皇帝的獨斷專橫說起。

嘉靖皇帝朱厚熜，本為藩王長子。1521年，明武宗朱厚照染病身亡，膝下無子，也無兄弟，於是身為武宗堂弟的朱厚熜被群臣迎接至京師，登基為帝。

即位後，嘉靖皇帝想追封親生父親興獻王為皇帝，而眾大臣卻堅持認為嘉靖皇帝應過繼到明孝宗膝下，以保證嫡系即位的正統不受歪曲。一邊是至高無上的皇帝，一邊是維護正統的群臣，誰也不肯作出讓步。

嘉靖三年，吏部侍郎何夢春、修撰楊慎帶領200餘名朝臣冒死進諫，長跪左順門下嚎哭不起。嘉靖皇帝不僅不為所動，反而令侍衛將群臣逮捕，施以廷杖之刑，更將18人杖死，毫不留情。

嘉靖在位期間，直諫敢言之臣不是被殺就是被貶，剩下的，盡是敢怒不敢言之輩。如此一來，海瑞的大膽進諫就成了非常時期的非常之事。

嘉靖四十三年，海瑞任戶部主事。他對嘉靖時期的「君道不正，臣職不明」深感憂慮。當時的嘉靖皇帝已經二十多年不上朝，整天深居西苑不出，齋醮玄修，妄求長生不老。

海瑞憂國憂民，眼看國力日衰，不得不冒死向皇帝呈上《治安疏》，直言不諱地批評嘉靖皇帝迷信道教，大興土木，竭盡民脂民膏；不事朝政，以至法紀廢弛；聽信道士妖言，不與皇子們相見，以至父子之情淡薄；在西苑深居不回宮城，導致夫婦之情淡漠；正是這些荒唐的舉止，導致「天下不直陛下久矣！」

海瑞果然膽識過人。面對如此蠻橫的皇帝，語氣稍重都得提心弔膽，更何況句句鏗鏘，言之鑿鑿，直指皇帝的為政弊端？就連海瑞自己也預計到上疏之後難逃一死，事先安排好了後事。然而，結果卻出人意料。

雖然嘉靖皇帝看後勃然大怒，命隨侍的宦官「趣執之，無使得遁」，然而在得知「此人素有痴名。聞其上疏時，自知觸忤當死，市一棺，訣妻子，待罪於朝，童僕亦奔散無留者，是不遁也」之後，嘉靖皇帝沈默良久，拿起奏疏反覆閱讀。最終只將海瑞關押入獄，並未執行死決。

對於嘉靖皇帝沒有立斬海瑞的原因，後人做出了不少推測。一說海瑞官職雖小，卻有清正剛直之名。其居官清廉，剛直不阿，救濟黎民，有「海青天」之稱，深得百姓尊敬與愛戴。若殺海瑞，則天下震動。二說嘉靖皇帝欣賞海瑞，認為可以「以作治貪之利器」。三說嘉靖為向天下人展示其虛懷納諫、寬宏大量帝王氣量，故放海瑞一條生路。

海瑞

123

當然，也有人另闢蹊徑，從《治安疏》中尋找答案。海瑞上疏，開篇即將嘉靖皇帝比為漢文帝，更言「陛下天資英斷，過漢文遠甚」。在此前提下，才開始列舉當今朝政之弊端，並將弊端之源歸於「陛下誤舉之，而諸侯誤順之，無一人肯為陛下正言者，諂之甚也」。盡顯「皇帝英明」而罪在他人之意。尤其是奏疏的結尾，海瑞又將嘉靖皇帝與「堯、舜、禹、湯、文、武」並列，只要「陛下一振作間而已」，則「天下何憂不治」？如斯諫言，只要有機會讓皇帝靜心細讀，便能體會其中的用心良苦，可免殺身之禍。這正是海瑞的過人之處。

　　上疏之事，讓海瑞天下聞名，流芳千古。史說「上自九重，下及薄海內外，無不知有海主事也。」

　　值得一提的是，海瑞入獄不到兩個月，嘉靖皇帝駕崩，新君即位後便下詔釋放海瑞。若非如此，恐怕海瑞躲得過閻羅王的召見，也逃不過不見天日的牢獄之災了。

權臣年羹堯不得不死的原因

年羹堯是清代康熙、雍正年間人，進士出身，官至四川總督、川陝總督、撫遠大將軍，還被加封為太保、一等公。年羹堯曾運籌帷幄，馳騁疆場，立下赫赫戰功；雍正二年入京，深得雍正帝的特殊寵遇，位極人臣。然而短短一年時間，驚濤駭浪迭起，92條大罪，一丈白綾，斷送了這個曾集高官顯爵於一身的大清功臣。究其原因，眾說紛紜。

1.恃功自傲，引火燒身

有人認為，年羹堯自恃功高蓋世，不把天子和朝臣放在眼裡。在一次慶功宴上，雍正出於愛將之心，多次要求將領們將鎧甲卸下，卻無人敢動。唯等年羹堯發話之後，眾人才敢卸下鎧甲。年羹堯儼然將國之將領訓練成了家之兵丁。

年羹堯還把朝廷派來的御前侍衛當作奴僕使喚，對雍正的恩詔不行三跪九叩之禮，甚至在知道雍正打算親筆為《陸宣公奏議》撰序的情況下，都敢以不願煩擾聖駕為由，自擬序言，更要求雍正公諸於天下。如此飛揚跋扈，雍正豈能容他？

對於雍正大力整頓吏治一事，年羹堯處處干預，諸多阻撓。其貪斂財富，結黨營私，任人唯親到了無以復加的地步。即便是被貶職上任，仍大運財產，更帶數千親兵同往。此時的雍正，嚴懲貪官及違法亂紀者是勢在必行，行之必厲。而年羹堯可謂是雍

正的寵臣，位高權重，以其開刀，對於彰顯雍正徹底改革的決心，再適合不過了。年羹堯不知收斂地撞在這風口浪尖之上，正好給了雍正帝殺一儆百的機會。

2.高鳥盡而良弓藏，國已定而謀臣亡

亦有人認為，年羹堯參與了雍正奪位之事，他的死正是一代帝王為鞏固帝位而上演的「鳥盡弓藏」的悲劇。據說康熙帝原本指定皇十四子允禵繼位，而雍正帝篡改詔書奪取帝位，並且得到當時任川督的年羹堯助其一臂之力，牽制了擁兵於四川的皇十四子允禵，使其無法興兵爭位。雍正既登帝位，又有雄才大略治世賢能，若留下年羹堯這個知其篡位陰謀的功臣，實乃一大掣肘。加之年羹堯一旦得勢就不知收斂，功高蓋主而不自知，遲早落個丟官喪命的下場。

3.覬覦帝位，自取滅亡

更有甚者則認為，年羹堯之死是因其自立為帝的計劃敗露。陳捷在《年羹堯死因探微》中認為，「羹堯妄想做皇帝，最難令人君忍受，所以難逃一死。」《永憲錄》中也提到年羹堯曾與靜一道人、占相人鄒魯商談做皇帝的事。《清代軼聞》一書更記載了羹堯失寵之後，「當時其幕客有勸其叛者，年默然久之，夜觀天象，浩然長嘆曰：不諧矣。始改就臣節。」由此可見年羹堯似乎真有稱帝之心，只因為「事不諧」，不得不「就臣節」。

年羹堯堪稱一代功臣，卻難逃一死。轉瞬間從權力的巔峰急轉直下，跌至生命的低谷，個中原因撲朔迷離，耐人尋味。

真實的李衛如何為官

　　一部《李衛當官》，讓雍正眼前的大紅人一路火到現在。電視劇裡那個要飯出身卻才幹過人、大字不識而幽默詼諧的李衛，贏得了觀眾的青睞，同時也引起了眾多的質疑：歷史上真實的李衛是這樣當官的嗎？

　　史料記載，李衛確有其人，祖籍江南銅山，即今日的江蘇徐州，生於康熙二十六年（1687年），卒於乾隆三年（1738年）。李衛並非要飯出身，而是有著殷實的家境，正因此，得以花錢捐了監生資格，避開科舉的正途走進官場。李衛雖頂著大字不識的包袱鬧出了不少笑話，但憑著機敏的頭腦和縝密的心思，確實當出了一副官的模樣。

1.「暗度陳倉補虧空」

　　雍正即位不久，發現各省錢糧虧欠甚多，下詔徹底清查，各省官員聞訊，恐慌不已。李衛時任浙江總督，聽聞此事，主動上奏朝廷，以欽差大臣初到地方恐有諸多不便為由，希望能夠讓自己協助其處理清查適宜。雍正看過李衛的奏折後，同意了他的提議，批准他協助被派往浙江的欽差大臣彭維新進行清查工作。

　　隨後，李衛以生日為由，命各州縣的官員速來拜賀，趁生日筵席之時將一干人等召進密室，讓各人如實上報虧欠情況，示意他自有辦法化解。眾人早已被欽差大臣前來清查之事嚇得亂了陣

腳，聽李衛這樣一說，全部如實交代，並登記成冊交予李衛。

再說欽差大臣彭維新，時任戶部尚書，為人做事認真仔細，此前已在江南各省揪出了一堆貪官污吏，氣焰甚是囂張，無人敢阻。豈料一到浙江，便被李衛所持的協助清查的批示鎮住了，不得不與李衛商量如何處理清查之事。李衛談及共同清查的過程中恐有爭執，故作為難，不知如何是好。逼得彭維新提出分縣清查的方案，正中李衛下懷。

李衛當下便讓隨從把浙江各州縣的名字寫於紙上，揉成紙團，與彭維新抓鬮分縣。彭維新豈能料到紙團已被暗中做了手腳？那些存在虧欠問題的州縣，幾乎盡在李衛手中，而彭維新抓到的，不過是些問題不大的州縣罷了。

如此這般，彭維新再認真清查也無濟於事。李衛這邊，名為清查，實則督促各州縣填補虧欠。待所有清查工作結束，李衛故作焦慮地問彭維新：「各地可有虧欠？」得到的當然是他早已肯定的答案：「沒有。」李衛佯裝意外，同時開心地表示自己負責的州縣也沒有。

此事一經上報，雍正大喜過望，加封李衛為太子太保，大加賞賜。浙中各級官吏也因此各升一級。經此一事，李衛的手下眾人對他佩服得五體投地，對這個大字不識的紈絝子弟刮目相看。

2.「明刀明搶挑事端」

李衛為官，不乏耿直倔強的一面。對於官場中的不平事，如眼中沙粒，不除不快。不僅向雍正帝呈交彈劾奏章，更將奏章謄抄之後送至被他彈劾的官員面前，公開宣戰，痛陳其惡行，直戳其痛處。那些被李衛彈劾的官員恨他恨得牙癢，卻動他不得。

與李衛同朝為官的田文鏡，小肚雞腸，見不得李衛受寵，妒

火中燒，暗地裡在雍正面前說李衛的不是。

雍正深知李衛的為人，對田文鏡的挑撥不以為然。田文鏡使壞不成，轉而討好李衛，欲與之結交。時逢李衛母親去世，田文鏡備下重金厚禮，派人前去弔唁。李衛不但不領情，反而當眾大罵：「吾母雖餒不飲小人一勺水！」並將來者趕出門外，田文鏡的名帖與厚禮也被李衛憤然丟入茅廁之中。

以上種種，不過是後人的評述，雍正年間真實的李衛究竟如何為官，恐怕只有那段已逝的歷史才能完全明瞭吧。

劉墉非宰相，更非羅鍋

上世紀90年代播出的電視連續劇《宰相劉羅鍋》，不僅引起了全國關於反腐敗的大討論，**轟**動一時，而且劇中主人公那剛正清廉、不畏權貴、幽默詼諧的「羅鍋」形象，更給觀眾留下了極為深刻的印象，成為平民百姓茶餘飯後的美談佳話。

電視劇的創作與演繹，豐富了人們的生活，卻也掩蓋了歷史的真相。當我們撥開層層迷霧，便會發現，這位聲名顯赫、清譽卓著的「宰相劉羅鍋」，既非宰相，更非羅鍋！

既然有「宰相劉羅鍋」的說法，為何又說劉墉不是宰相呢？這就不得不提封建王朝的宰相制度了。明朝以前，歷代王朝均有宰相輔佐皇帝處理軍國大事，只是稱謂稍有不同。

朱元璋建立明朝後，由於疑心太重，為防止高官重臣奪權謀反，便下令廢除宰相一職。其後，明朝設立了「內閣」，成員為「殿閣大學士」，由皇帝欽定，協助處理國家大事。到了清朝，「清承明制」。清雍正八年時取消「內閣」，建立軍機處。而皇帝之下統管文武政事的最高行政官員，便是「大學士」。之後的「軍機大臣」和「總理大臣」，都是跟大學士一樣的權職。

雖說此時的大學士與前朝宰相相比，權力相差甚遠，但仍舊享有天子之下眾臣民之上的顯赫地位。所以在世人看來，大學士與宰相無異。史籍中有記載，劉墉於乾隆五十年由吏部尚書授協辦大學士，乾隆五十四年被降為侍郎閣學，到嘉慶二年得授體仁

閣大學士。於是，電視劇在需要突出主角的情況下，便以「宰相」稱之。

至於說劉墉是「羅鍋」，那更是笑談。電視劇裡弓腰駝背的劉墉，因一句戲言而來，增添了幽默詼諧的影視效果。然而，稍微留意一下清朝取士選官注重「身、言、書、判」的標準便可知，科甲出身的劉墉，不可能是「羅鍋」。「身」為首，可見最重要的條件即形體，為官者必須五官端正，身無殘疾，以示官威。畢竟在封建社會，「有礙觀瞻」也是件避之則吉的大事。

雖說是笑談，然「劉羅鍋」的稱號並不是沒有根據。有史書記載，嘉慶皇帝曾稱劉墉為「劉駝子」。但當時的劉墉已是八十老翁，弓腰駝背可能是衰老的徵兆，而非「羅鍋」的惡疾。

劉墉一生，雖無宰相之名，卻曾履宰相之職。清廉剛正之餘，不乏圓滑機變之態，盡顯封建王朝一代官家為人處世之道。而「羅鍋」之名，在後人看來，欽佩之美譽更多於敵對之嘲諷，笑而言之，未為不可。

和珅非因貪而亡

　　頻頻出現在電視劇裡的和珅，讓人們記住了乾隆跟前的紅人，清朝的軍機大臣，史上第一大貪官。和珅以貪而聞名於世，但三尺白綾奪其性命，卻不是因為他貪盡天下之財，而是他在權力轉移的過程中顧此失彼，從而導致了大半生的功名利祿，隨著乾隆大帝的駕崩而煙消雲散。

乾隆皇帝

　　和珅的貪，不是朝夕之間，更不是不可告人，而是長此以往且甚為猖狂的。以乾隆皇帝治世之英明，不可能覺察不到。然而乾隆對和珅的倚重有增無減，便可知和珅雖貪，卻也的確對皇帝盡忠、為國家出力，其才智不在與其同朝且多為後人稱頌的紀曉嵐之下。

　　和珅仗著乾隆的倚重，難掩飛揚跋扈之勢。雖善於察言觀色，籠絡人心，然排除異己亦不遺餘力。在位高權重的和珅眼中，除了高高

在上的乾隆皇帝，其他人根本不足為懼，甚至連已位入儲君之列的十五皇子顒琰，也備受他的壓制。

　　乾隆五十九年，為了不超過祖輩康熙執政六十一年，乾隆決定立太子。和珅深知一朝天子一朝臣，為免自己的權勢受到打壓，極力恭維乾隆定能「萬萬歲」，不必急於立儲讓位。和珅一席勸，一下就把乾隆那二十幾個盼著皇位望眼欲穿的皇子們都得罪了，尤其是不久之後被乾隆指定為皇位繼承人的十五皇子顒琰。

　　1796年，既是嘉慶元年，又是乾隆六十一年。兩個年號的並存，反映了嘉慶皇帝上位卻有名無權的事實。此時已是太上皇的

和珅

乾隆，雖說從龍椅上走了下來，但他對帝國權力的控制卻從未放鬆，而幫他實施這一控制的，便是他的得力寵臣和珅。就在這種嘉慶有名無權而乾隆有權卻不便出面的情況下，和珅的權勢更甚從前。嘉慶在位的前三年，處處受到和珅的掣肘，有志難舒，自然對和珅恨之入骨，不除不快。

　　一向機敏的和珅，被權勢蒙蔽了雙眼，忘記了他即使地位再顯赫，也不過是皇室的奴才。也許和珅已想到，遲早有一天乾隆會離他而去，遲早有一天嘉慶會大權在握，但那一天的到來，比他想像的要快得多。而他，還未

想好應對之策，就從權勢的巔峰跌下了黃泉。1799年的正月初三，乾隆皇帝駕崩。嘉慶對和珅的反擊以異乎尋常的速度進行。兩天後下旨逮捕，三天後抄家，十天後送去三尺白綾。乾隆駕崩不過短短十五天，和珅便隨之而去了。

有人考證嘉慶帝對外公布的和珅的罪狀，雖多達二十多項，然最致命的並不是貪污受賄，而是對乾隆的大不敬之罪。以和珅在乾隆心目中的地位，他的貪不過是睜一隻眼閉一隻眼的事，只要不謀反作亂，根本不致以死罪論處。嘉慶勢要和珅徹底垮台，既然和珅沒有謀反作亂之實，就定他大不敬之罪，畢竟和珅仗著乾隆的倚重，的確做過不守君臣之禮的事。在封建社會皇權至上的年代，對皇帝稍有不敬都可能掉腦袋，更何況大不敬！嘉慶終於成功地發洩了抑鬱在心中長達三年的怨氣。

和珅死前曾賦詩一首：「五十年來夢幻真，今朝撒手謝紅塵。他日水泛含龍日，認取香煙是後身。」看來他和嘉靖的恩怨，至死未休。

楊秀清是否曾「逼封萬歲」

清朝末年**轟轟**烈烈的太平天國運動曾經盛極一時，然「天京變亂」使得太平天國由盛轉衰，進而在中外反動勢力的聯合絞殺下徹底失敗。東王楊秀清成為「天京變亂」的犧牲品，多數人認為是因為他在變亂18天之前的「逼封萬歲」之舉激怒了洪秀全，從而招來殺身之禍。

對於楊秀清的死因，本就眾說紛紜，而關於他「逼封萬歲」一事，更是爭議非常。在史學界幾乎已成定論的楊秀清「逼封萬歲」之說，現如今遭到越來越多的批駁，甚至有人認為，此事已可以下定論予以徹底否定。

首先否定的，便是記載此事的史料來源。最早記載「逼封」事件的是知非子的《金陵雜記》與張汝南的《金陵省難紀略》，書中較為詳細地記載了「逼封萬歲」的經過及之後發生的洪秀全與楊秀清之間的衝突。然而所述內容不僅多有荒誕之處，而且「此卷係近日情形，告聞之於遇難播遷之人，及被擄脫逃之輩，方能知之最詳，言之最確，復為成一編，參以己見。」

不僅不是親眼所見，還加上了自己的看法，如此敘事，豈可盡信？此外，太平天國的後起之秀李忠王秀成寫的《李秀成自傳》中也提到確有此事。然而「天京變亂」發生時，李秀成正在句容一帶作戰，對於在此之前的「逼封」之事，只能是道聽塗說，更難以此為據。

　　與上述史料來源相比，無論是太平天國的內部文書還是清朝的官方文書，均無關於此事的記載，由此不得不令人懷疑此事的真實性。

　　其次，若楊秀清真的曾經「逼封萬歲」，那他是為了什麼？此時的楊秀清，已經集神權與軍權於一身，只要他「代天父傳言」，就連洪秀全都不得不從，為何不直接借天父之言命令洪秀全讓位於他，反而多此一舉地「逼封萬歲」，既沒有改變他與洪秀全的實際地位，又暴露了他意欲奪權的野心？楊秀清並非泛泛之輩，此等權謀策略，他不可能不知，更不可能做出如此愚蠢之事。

　　第三，在楊秀清死後沒多久，洪秀全便大張旗鼓地為其平反，甚至將楊秀清被殺之日定為東升節。洪秀全在《踢英國全權特使額爾金記》中說道：「爺遣東王來贖病，眼蒙耳聾口無聲，受了無盡的辛戰，戰妖損破頸跌橫。爺爺預先降聖旨，師由外出苦難清，期至朝觀遭陷害，爺爺聖旨總成行。」

　　由此可見，洪秀全也認為楊秀清之死是遭人陷害的。如此一來，楊秀清「逼封萬歲」激怒洪秀全而招來殺身之禍的說法，便被徹底否定了。

　　最後，若真無「逼封」之事，那此說從何而來呢？既然沒有足以令人信服的史料記載，也沒有合情合理的事實依據，就不能不說這只是謠言。而這個謠言的最大受益者，便是因「逼封」而「受盡委屈」的洪秀全。楊秀清不僅曾因「代天父傳言」而杖責過洪秀全，而且在朝中獨攬大權，自恃功高蓋主，飛揚跋扈。以他的軍事才能與政治權謀，足以威脅洪秀全的統治地位，洪秀全要除掉他是必然的，只是需要一個合理的說法以穩定軍心、平撫民意罷了。而「逼封萬歲」之舉足以讓楊秀清「死有餘辜」。

如此看來，「逼封萬歲」的確子虛烏有。然而，對上述批駁產生質疑的，大有人在。

其一，太平天國的內部文書中沒有關於「逼封」事件的記載，很可能是因為此事涉及領導集團內部的矛盾糾葛，不宜載入史冊。而且天京陷落時天王府被大火燒毀，導致文書檔案付之一炬，所以無法找到相關記載。

其二，「天京變亂」時，李秀成已是地官正丞相，後又被封為忠王，在太平天國後期與陳玉成同掌軍政。以他的身分和地位，他對天京事變的內情必有所了解。雖沒有眼見為實，但也不至於信口開河。

其三，洪秀全在楊秀清死後不僅不揭露他「逼封」之罪，反而為其平反，並深表懷念之情的做法，並不足以證明「逼封」之事子虛烏有，而是洪秀全施展的政治手段。不僅可以撇清他指使韋昌輝殺害楊秀清的罪名，而且可以拉攏東王黨羽為他所用。之後洪秀全掉轉矛頭直指韋昌輝，便可看出他籠絡東王黨羽的高明之處，起碼能夠免除後顧之憂。

上述所列，僅是呼聲較高的幾種說法，實難包羅萬象，盡數百家之言。

武將篇

揮刀立馬忠國魂

將相和不過是假象

　　一直以來，人們都認為「將相和」只是藺相如為趙國著想，面對廉頗的挑釁，處處忍讓。然而真相真是這樣嗎？其實不然，「將相和」隱藏著更深刻的內涵，不僅關係到廉頗藺相如的個人仕途，還關係到整個趙國的外交路線。

　　首先，戰國時期，趙國是東方強國，國內文有藺相如，武有廉頗。但是，不管是廉頗還是藺相如，他們在趙國都是權重之臣，卻並不是位高之人。

　　因為戰國時期，一個人在政治上有成就的主要標誌並不在於封將拜相、擔任國家的重要軍政職務，而是封君命侯、獲得貴族爵位。廉頗戰功卓著，但是面對趙國邊將難封的政治現實，他也用了三十年才得以封君。但是，戰功遠不如廉頗的樂毅、趙奢、趙括都早早的封君，甚至連外國降將都能輕易地封君拜侯。為趙國出生入死的廉頗，卻遠不如這些人。這讓廉頗的心裡頗為難受。

　　對藺相如而言，他的政治生涯更為辛酸。因為他曾是趙國宦官繆賢的舍人，是通過繆賢才進入趙國政治中心。即使藺相如十分得寵於趙王，但是他還是受到趙國貴族的歧視，藺相如要封君命侯，路途比廉頗更為艱難。一開始，廉頗也挺瞧不起藺相如，所以處處挑釁，但是聰明的藺相如卻發現，與己處境相同的廉頗將極有可能成為自己政治上最大的盟友，同是天涯淪落人之感也

油然而生。廉頗也意識到了這一點。他們出於共同的利益和政治需要，結為盟友，才能與趙國貴族競爭。

其次，「將相和」與趙國的外交路線有關。可說這是一場由趙王主導的改革，是對趙國政治結構的一次全新佈局，更進一步言是對聯秦和抗秦兩種外交路線的融合。

廉頗是趙國軍事的主要力量，曾經攻打過燕、齊、魏，都取得了巨大成功。但是，廉頗對秦國的戰爭卻只有長平一戰，而且還消極應戰。顯然地，廉頗並不想與秦國結怨，他屬於聯秦派。至於藺相如，可以從他的眾多行為之中看出他對秦的態度是抗秦。著名的「完璧歸趙」的故事中，藺相如戲弄了秦王一番，寧願以趙國的大量土地和人民作為代價，也要把和氏璧偷渡回趙。另外，藺相如是宦官繆賢的舍人，繆賢與燕王交好，燕國是最大的抗秦國，那麼作為繆賢謀士的藺相如無疑也是抗秦派。

初始，廉頗和藺相如之間不和，也極有可能是因為雙方政治路線的不統一。

廉頗處處挑釁藺相如，藺相如處處忍讓，還把廉頗與秦王作比較，其實也是別具深意。他告訴了廉頗一個道理：雖然我們的政治路線有異，並不代表我害怕你。但是我們的目的一樣——都是要使趙國強大起來，只有我們合作才能達到這一目的。這也是趙王的旨意。當廉頗明白這層含義之後，就有了「負荊請罪」的典故。

這就是趙王高明的地方。他清楚地意識到，如果想要讓自己統治下的能人既形成合力、又互相制約，那麼實現派系間的平衡佈局就非常重要。不論是聯秦還是抗秦，都必須要相互制衡，不能讓任何一方過於強大。聯秦，與秦國走得太近，會引起其他各國的反感。抗秦，也會引起秦國的反擊。只有綜合這兩種勢力，

才可能各方都不得罪。而且在必要的時候，趙國面對其他各國才能有才可用。

例如，在趙孝成王繼位之後，秦攻打趙國，藺相如決定向齊國借兵。由誰出面借兵呢？最佳人選──藺相如。因為在此五年之前，藺相如帶兵攻齊，趙國抗秦派的藺相如主動向齊言和，這也成了此次借兵的基礎。再比如說，長平之戰，秦攻趙，秦趙之間實力懸殊，如果硬攻，趙國勝利的機會並不高。此時最佳的將領就應該是屬於聯秦派的廉頗。廉頗也的確是這麼做的，消極應戰。「將相和」的最終目的也得以實現，需要紅臉就推出紅臉，需要白臉就推出白臉。

時過境遷，當藺相如病死之後，「將相和」的局面也被打破，老將廉頗已經不能再為趙國在七國之間尋得立足之地，趙國逐步走向滅亡。

從反面論證了趙王一手主導的「將相和」的局面，是出於趙國的生存發展而不得不做的局。

趙括的長平之戰是替廉頗背黑鍋

　　在多如繁星的戰國武將中，趙括一直是後世記住的典型。因為幾千年來，他已經成為軍事中「紙上談兵」最具代表性的反面教材。然而，幾千年來的譏諷，是否就能說明趙括只是一個不注重實際經驗的草莽將軍呢？

　　長平之戰是戰國時期有名的戰爭，那是一段極具悲劇性的、波瀾壯闊的、血腥而且具有轉折性的歷史。長平之戰相持三年，趙軍落敗，近五十萬趙國將士的生命消逝，趙國由盛轉衰，歷史也把這樣的重責推到了趙括身上。當我們正視這段歷史時就會發現，趙括這樣一個以身殉國的忠勇軍人，被釘在這樣一根恥辱棍上是極不公平的。

　　那麼趙括是否應該為這樣的歷史悲劇背上責任？趙軍失敗的原因到底在哪裡？是趙括？他在戰爭之中起到了什麼作用，又犯了哪些錯誤？

　　一次戰爭的失敗，並不是偶然的結果，必有其內在原因。量變引起質變的原理大家都懂。當我們在給趙括定罪的時候，必然要先了解這場戰役的前因後果。

　　長平之戰之始，趙國以廉頗為將對陣秦國，可以說這場突發性的戰爭與趙括沒有多大關係。廉頗出戰，人心所向，因為他沈穩持重，無懈可擊，人們對廉頗也都心存佩服。

　　但是，在長平之戰中，他卻犯了一個嚴重的錯誤。戰爭初

始，廉頗主動採取堅守戰的戰略，以圖與秦軍拼消耗，讓秦軍知難而退。這種戰略與趙國的地理環境、戰略環境極不符合。趙國是戰國時期有名的軍事強國，趙軍在與對匈奴、胡人的戰爭中，練就了強大的戰場突擊力量，趙軍最擅長的就是進攻戰，但是最不擅長的就是消耗戰。因為消耗戰不僅是時間的消耗，也是糧食、人力以及軍械的強大消耗，對趙國而言，消耗戰其實相當不利。然而，趙國的政治集群卻沒有充分認識到這一點。

另一方面，秦軍卻是最擅長防守戰。所以當廉頗在戰爭之初採取消耗戰的戰略方針時，他就已經喪失了自己在戰場上唯一的優勢，以自己的弱點去拼敵人的長處，相當於以卵擊石，戰爭形勢已經完全順著秦軍的脈絡在走，這場戰役對趙國而言，已經一開始就處於下風了。

秦趙長期的消耗戰，最後趙國增兵近五十萬，在物資、軍隊、軍械上的重大損耗，給趙國政治群體脆弱的心靈再一次沈重的打擊。讓趙國貴族失望的廉頗被替換下陣，只是時間的問題了。此時，趙括作為長平之戰的重要人物出場了。因為趙括最擅長的就是進攻戰，所以當趙國政治群體看到廉頗的消耗戰並沒有

長平之戰

給趙國帶來意想中的勝利之時，他們就果斷地換上了趙括，希望以另外一種完全相反的方式重新改變戰爭形勢。

然而他們沒有考慮到的是：臨陣換將給主帥和戰士帶來的巨大心理壓力，以及當時已經完全形成的對壘戰形勢，秦軍氣勢大盛，趙國卻在強大的消耗戰面前早已氣勢漸短，戰爭形勢早已形成定局，豈是一個趙括就能改變的！

趙括入主趙軍，已先輸一籌，這並不是趙括的錯。這樣的形勢，使趙括入主長平後，只有一個選擇，就是進攻。趙國不能再繼續消耗，需要盡快結束戰爭，守不得，退不得，所以只能選擇主動進攻。

另外，趙括失敗與其輕敵有很大關係，他輕視了「常勝將軍」白起的能力。長平之戰之始，秦國以王齡為將，後來秦王與白起密謀換將，讓趙括以為與自己對陣的只是戰略進攻上弱於自己的王齡，而不知自己真正的對手是戰神──白起。

所以才敢如此輕敵，所以才敢明知山有虎，偏向虎山行。這給趙軍覆滅埋下了伏筆。趙括帶軍深入，抵死反擊，給秦軍帶來了極大的傷亡和損失，但最終仍逃不了失敗的結局，以身殉國，這是值得後人敬佩的。但也是這樣的絕地反擊，使秦國在騙降趙軍以後，報復式的屠殺趙軍以泄憤。

從以上可以看出，長平之戰的失敗，並不在於趙括一人軍事上的失誤，趙軍在戰爭之始已經陷入了嚴重的戰略錯誤之中，廉頗用兵失誤，趙括接替他繼續戰爭，形勢已定，並不是他個人能夠扭轉，而趙括只不過是代替廉頗品嘗了慘敗的苦果。

「紙上談兵」是冤枉了趙括

　　「紙上談兵」出於戰國時趙國名將趙括，這似乎也成了他在歷史中的代名詞。趙括因為長平之戰的慘敗而被釘在了歷史的恥辱柱之上，他一人背負了趙國衰敗、五十萬將士生命的責任。對於這位生前位高權重的將軍，趙國卻無人為之立傳，甚至司馬遷在《史記》之中也略過了他。

　　首先，看看趙括紙上談兵這一故事。趙括是戰國時期趙國馬服君趙奢之子。趙奢因為受到平原君舉薦而得到趙王的重用，主管全國賦稅，後又解瘀與之圍，大敗秦軍。因此，趙奢與藺相如、廉頗成為趙國的三根頂梁之柱，可謂是舉足輕重。

　　趙括出身名門，自幼就熟讀兵書，對軍事方面也有自己的見解，少年時代即隨父親出戰。少年趙括曾獻計幫助父親趙奢一個月之內攻下了趙軍久攻不下的麥丘。公元前270年，趙括運用反間計，成功地解救了瘀與地區，因此揚名。

　　儘管如此，在公元前260年長平之戰爆發之始，趙括也沒有任何實際帶兵打仗的經驗，在軍隊中他更多地扮演了軍師的角色。公元前260年，秦王命王齡進攻韓國上黨地區，並且順利地佔領該地區，但是上黨地區早在兩的前已歸屬於趙國，此次秦進攻上黨，趙孝成王就派名將廉頗出戰，廉頗駐軍長平，與秦軍交戰，採取了自己不擅長的消耗堅守戰略，秦軍不斷吞食趙軍，完全佔領了上黨地區，這對趙國都城邯鄲十分不利。因此，趙國內

部出現了混亂，不斷有人提出建議，換下廉頗。

最終，趙王聽取樂毅的建議，由趙括取代廉頗，對戰秦軍。趙括率領四十萬大軍，改守為攻，主動全線出擊，向秦進攻。秦將白起分兵兩路：一路佯敗，把趙軍吸引到秦軍壁壘周圍；一路切斷趙軍後路，實行反包圍，使趙軍糧道斷絕，困於長平。最終，趙括突圍不成，戰死長平，四十餘萬趙兵盡被坑殺。

綜上，有幾點值得注意：

一、趙括雖然有跟隨趙奢出征的經歷，但是從來沒有獨立為將、帶兵打仗的經驗。雖有謀略，但是卻缺乏實際作戰經驗。在以前大大小小的戰役之中，他都沒有機會得到重用，大多數戰功只是靠「軍師」而得來的。因此，在關鍵的時候，趙括上陣打仗，取得成功的可能性並不是很高。

二、趙軍在經過長久的持久戰之後，早已疲憊不堪。趙國雖然強大，但已經不是趙武靈王時候的趙國了，在經過了趙惠文王策劃的「沙丘之亂」之後，趙國的國力也在逐漸地削弱，此外權臣和趙國公室的內鬥，導致大量人才被埋沒，這其中也包括趙括。趙國的實際情況，根本就支撐不了長久的消耗戰，加上廉頗的消耗，讓趙括上任之後，除了速戰速決以外，更無任何選擇。

三、趙括上任以後，大量修訂軍紀，把廉頗規定的一套制度全部廢除，這一番大刀闊斧的改革也是趙括經驗不足的表現。臨陣易帥，就給將士造成了極大的心理負擔，雙方要形成一種新的戰鬥力，需要一段相當長的磨合期，這樣的臨陣改革只會帶來更多弊端。

四、這點是最能直接證明趙括是否是「紙上談兵」的關鍵，即趙括在戰役之中所採用的戰略戰術。當時秦軍在西，趙軍在東，秦軍以西是河水很寬很深的泌水，趙軍以東是河水很寬但水

淺的丹水，兩軍之南是太行、王屋山脈，北面也是太行山的山脈，整個戰場由山脈和河水組成了一個矩形。但是，南面的山脈已由秦軍所佔，北面的山脈為秦趙共同佔有。因此，無論是哪支軍隊要全身而退，都只有選擇水路，要麼是渡過丹水，要麼是乘船渡過沁水。

趙括決定派晉陽趙軍南下支援沁水西岸的趙軍，控制沁水西岸一帶，再向西進攻秦軍，配合自己的大軍東西夾擊秦軍。但是，趙括沒有想到的是，沁水西岸的趙軍並沒有完成自己的命令，未能控制沁水西岸，所以當趙括大軍一路追隨不斷向西撤退的秦軍至沁水河東岸時，不但沒有消滅秦軍，反而使自己陷入了秦軍的包圍圈之中。

最後秦軍騙降趙軍，兩軍再戰，死傷無數，趙軍四十萬大軍終因力竭而敗，趙括自殺殉國。其實，趙括的部署可謂得當，只是趙皮牢、晉陽二軍未能完成任務，殊為可惜。秦國雖然勝了，卻也因為趙括的殊死反擊而損失慘重，不得不退兵回國。

趙括在戰爭中的確犯了一些錯誤，錯誤的原因在於其經驗不足。但是深糾其因，也是由於趙國國內權臣舞弊，人才得不到重用有關。趙括在長平之戰中，並不是「紙上談兵」，失敗也是現實所逼。

大將軍韓信之死

公元前196年，西漢剛剛建立不久，國家猶如飄浮在風中的浮萍，隨風搖曳，處在這樣一個新生兒內部的人們，更是人人自危。劉邦殺死了大量建國功臣，這些曾經與劉邦共同奮鬥、出生入死的人，卻並沒有享受到勝利的果實。這其中也包括了「連百萬之軍，戰必勝、攻必取」的齊王韓信。

韓信是秦漢之際最著名的軍事家，為西漢建國立下了汗馬功勞，與蕭何、張良並稱為「西漢三傑」。

但是這位大功臣最終的結局並不如想像中的美好，他被呂后、蕭何捕殺於長樂宮中，三族被夷。那麼，究竟是什麼原因使得這位大功臣落得如此淒慘的下場呢？

一直以來，史學界對韓信死因說法不一，各執一詞。

主要有以下幾個觀點：

一是韓信被殺的起因是自請封王。漢高祖五年，平定三齊之後，劉邦被楚軍圍困於滎陽，焦急地等待韓信率兵來救。但是劉邦等到的並不是韓信大軍，而韓信自請封為齊王的上書讓劉邦十分震怒，但是有求於人的劉邦，也只好遂了他的意。劉邦並非是心甘情願，而是現實所逼，不得已而為之。韓信自請封王的做法，在劉邦心中埋下了深深的隱患。

因此，在楚漢戰爭剛剛結束，劉邦就設計奪了韓信的兵權，徙封為楚王。入楚的韓信還是沒有意識到自己的危險處境，反而

與項羽舊部鍾離眛相交甚密，劉邦對韓信的懷疑更甚。但是，一代帝王怎能單憑懷疑就誅殺建國功臣？劉邦就算是權傾天下的帝王，也必須要以理服人。真正讓劉邦有機會殺掉韓信的原因在於有人告韓信謀反。

二是韓信的死因在於謀反。自請封王事件之後，劉邦對韓信已經是心存芥蒂，殺掉韓信只是「萬事俱備，只欠東風」。

這個東風就是有人告韓信謀反。所以當有人舉報韓信要謀反的時候，劉邦就再也沒有猶豫了，他抓住了這個時機，採用陳平的調虎離山之計，以出遊雲夢為藉口，趁著韓信來陳朝會見之時，逮捕了韓信。果斷而深謀遠慮的劉邦仍念韓信建國功勳，並未殺之，改封為淮陰侯，使居長安。

韓信

危機四伏的韓信依然沒有看清楚形勢，反而在被劉邦降封為淮陰侯之後，常常稱病不上朝。甚至還勾結握有重兵的陳豨，準備趁著劉邦伐陳之時，與陳裡應外合，發動叛亂。韓信的陰謀被人告發之後，被呂后、蕭何捕殺於長樂宮之中。

三是劉邦為了消除割據勢力、統一集權，而不得不殺韓信。劉邦為平定天下，在特定的歷史條件之下分封了七個「異姓諸侯王」，這些「異姓諸侯王」都曾為建立西漢王朝

作出重大貢獻。他們都擁有強大的軍事實力和廣大的封土，這些「王中之王，國中之國」成為西漢王朝統一集權的重大隱患。尤其是在劉邦基本上控制了六國舊貴族和關東豪傑的分裂活動之後，異姓諸侯王更成為劉氏家族的眼中釘、肉中刺。

　　所以，不論韓信有無謀反之心，劉邦必然會採取高壓手段來消滅異姓諸侯王，才能免除戰禍，休養生息。「兔死狗烹，鳥盡弓藏」，這是無奈而為之。

　　四是近年來的研究認為，劉邦並未有殺韓信之意，韓信被呂后、蕭何所殺，只是呂后為了自己以後篡權掃除障礙，而蕭何作為韓信的舉薦人，捕殺韓信是因為當時自己已深受劉邦猜疑，如不屈從於呂后的意旨，自己也會遭到株連，所謂人不為己，天誅地滅。所以韓信之所以被殺，所謂謀反只是莫須有的罪名，呂后攬權才是真正的主因。

一代戰神霍去病的死亡之謎

霍去病，一代戰神。十七歲隨軍出征，功冠全軍；二十一歲縱橫漠北，成為三軍統帥。多次出兵匈奴，以寡敵眾，卻能大勝而歸。他創造了作為武將的一個傳奇。

但是，這樣一個勇猛戰將、天之驕子，生命卻在二十三歲這樣的美好年華畫上了休止符，實在令人為之扼腕嘆息。

關於霍去病的死因，史上卻沒有詳細的記載。那麼，一代戰神霍去病的死又是為何？

《史記》中記載，霍去病是在出征匈奴之前突然死亡，朝廷公布的死因是病死。那麼霍去病真的是病死的嗎？其實，這個可能性不大。因為十七歲從軍，逐漸成為一代戰神，作為一個勇猛的沙場武將，肯定擁有過硬的身體素質，而且在二十三歲這樣風華正茂的年紀，患病而死似乎不太可能。

那麼霍去病的真正死因是什麼？不是病死，那麼就是非正常死亡。為什麼深深器重霍去病的漢武帝，卻沒有深究這種非正常死亡的原因呢？

霍去病從衛青的軍隊之中脫穎而出，漠北大戰之後，得到漢武帝的賞識，如日中天。逐漸脫離了衛青的軍隊，形成了以自己為中心的軍事集團。這個集團中的重要人物也幾乎都是霍去病一手選拔的匈奴降將，或者能騎善射的低級軍官，個個英勇善戰。更重要的是這些人的重心都在戰場之上，與皇親國戚以及世家貴

戚卻沒有一點關係或牽連。

反觀衛青，一代大將軍卻日漸衰落。他的身上擔負著太多人的利益，勢力龐大。武帝為了扼制這股勢力，採取的手段便是以霍制衛。衛、霍集團之間就形成了一種尖銳的矛盾。當這種矛盾激化時，必然是要以犧牲一方為代價，因此從不參與政治鬥爭，只著眼於沙場的霍去病就成了衛部保全自己利益的犧牲品。這也可以從一些史實當中窺其一二。

如果說衛部利益集團最大的保護傘是衛青，那麼他們實現利益的最重要的保障就是衛太子。雖然衛太子年幼，不太可能參與複雜的政治鬥爭，但是作為利益成員的衛氏家族以及相關人員卻是在盡全力保全這種利益。衛、霍之間的較量，更多的是在朝堂之上的地位和權力的競爭。

此時，朝廷有三種勢力不容小覷：一是以衛青為核心的衛氏利益集團，二是以霍去病為核心的軍事集團，三是以李廣為核心的李氏家族，李廣的從弟李蔡已身為丞相，也是整個家族利益集團的核心。

公元前119年，漠北大戰，李廣自殺，李敢刺傷衛青。但是衛青為人謙恭有禮，溫和大度，他把這件事隱瞞了下來。雖然這件事在當時並沒有聲張開來，但是卻為李氏家族埋下了禍根。

公元前118年3月，李蔡以侵

霍去病

佔了先皇陵寢一塊地的罪名畏罪自殺。這簡直就是一個莫須有的罪名！身為丞相的李蔡豈會冒著「殺頭」的風險，去侵佔一塊皇家陵地？

也就是在這一年，霍去病突然因為李敢行刺衛青，在甘泉宮狩獵場當著武帝的面射殺了李敢。值得注意的是：一、李蔡死後，太子太傅莊青翟繼任了丞相之位，那麼這其中的最大受益者莫過於衛太子所在的衛氏集團。二、霍去病獵殺李敢的時間、地點值得深究。如此明目張膽地射殺李敢，難道霍去病就不擔心無法對皇帝以及眾家將士交代嗎？而且李敢當時身為郎中令，也就是九卿之一，霍去病沒有私自處決他的權力。

從射殺李敢的時間而言，此時距離李敢刺傷衛青已經很長一段時間，那麼霍去病為什麼要現在才獵殺李敢呢？因此，這不可能是霍去病蓄謀已久的殺害。也就是說這是一件突發事件，霍去病是在狩獵之前才臨時得知李敢曾刺傷衛青的。

李蔡李敢叔侄死期相近，在相當短的一段時間內，李氏家族被連根拔起。霍去病與李氏家族結下仇怨，引起武帝不滿。那麼，從整個事件來看，受益最大的還是衛氏集團。

公元前117年3月，霍去病一再上書請劉徹分立三位皇子為王，可謂是朝廷之中的風雲人

衛青

物。霍去病又為何要三番兩次地要求封三位皇子為王呢，他與這件事又有何關係呢？其實，沒有什麼關係，因為這對霍而言沒有絲毫好處，他只是當起了這個事件的發起者和帶頭者，然而當事件發展到聲勢浩大，滿朝文武都加入進來的時候，他卻並沒有參與其中。

最終，公元前117年4月，武帝無奈冊立三王，武帝寵姬王夫人病死。表面上，衛氏集團並沒有參與到這件事情之中，但是細看之下，冊封三王受益最大的是衛太子，他的危險得以解除，而王夫人病死，衛皇后地位得保。衛氏集團仍是最大的受益者。公元前117年9月，霍去病死去。

自此，與衛青有仇的李氏家族垮，與太子爭嫡的三王分封離開了，與衛子夫爭寵的王夫人死了，威脅著衛青地位的霍去病不在了，整個朝廷之中的三股力量，已經消除兩股，最大的受益者卻是衛氏家族。

霍去病在這場政治鬥爭之中失去甚多，但是他真正的死因是什麼？從霍去病的性格分析，他少年孤獨，寡言少語，心高氣傲，缺少朋友。親情對他來說是十分重要的，最後連曾經視如親人的衛青也遠離了他。性格倔強孤傲的少年最容易走入極端，他雖然少年顯貴，但是未必快樂。人言不僅可畏，有時候還可以殺人，其高明處遠勝刀劍毒藥。

三國名將呂布死因新解

　　《三國演義》生動地說明漢末三國爭霸、風起雲湧、變幻莫測的局勢。《三國演義》的前一部分，諸葛亮出場之前，劉備、曹操、關羽主導了整個形勢，其中以關羽的篇幅最重，但接下來戲份最多的不是劉備，也不是曹操或袁紹，而是呂布。

　　這與呂布一生的傳奇經歷和個人神勇才能有很大關係。

　　儘管《三國演義》也帶有強烈的歷史因素，但是畢竟也只是演義，寫得再好，也不能代表全部的史實。演義中的描述大大加強了呂布的傳奇色彩，也有虛構的場面，如三英戰呂布等，這些虛構的場面不僅加強了戲劇效果，也留給了讀者呂布武勇天下第一的概念。

　　那麼，真實的呂布又是怎麼樣的人呢？他短暫的生命為何會早早就結束呢？

　　呂布的父親呂良是留守邊疆的將領，母親是關中大財主之女，呂布上面有四個姐姐，排行第五，可見呂布從小生活富裕，有錢有權，又是家中獨子，受寵程度可見一斑。

　　呂布幼年聰穎好學，又處處強於其他同齡之人，逐漸養成了以自我為中心的優越感。後來，他隨父親投靠並州刺史丁原，丁原惜才，任命呂布為主薄，丁原對呂布極其親厚和器重。漢靈帝去世之後，丁原與董卓開始爭奪對漢王朝的控制權。

　　時局驟變，呂布也開始了他不斷投靠與背叛的生涯。呂布選

擇了董卓，不顧丁原對他的知遇之恩而殺死丁原。之後，在王允與董卓之間，呂布又投靠王允，殺死董卓。董卓死後，又因董卓舊部屬李傕和郭汜等人殺回京城，呂布不敵，倉皇出逃，因而投靠袁術。後又投靠河內太守張楊，又因張楊部下的反對而改投袁紹。卻因袁紹準備殺死他而投靠了曹操，但是呂布又背叛了曹操，自主為徐州刺史，又聯繫袁術攻打劉備，使得劉備投奔了曹操，最後呂布被曹操所俘。

自此，呂布六次易主，可謂是把漢末群雄爭霸這一灘混水，攪得更混了。

呂布如此缺乏誠信的一生，與生長環境和個性不無關係。從小父母的溺愛和優越的家境，造就了他以自我為中心的性格，而出眾的才華，使得他不懂得誠信的重要性，而且凡事只為自身的意願和利益考慮。

這種少信寡誠、急功近利，而且貪小利而忘大義的性格也是他最終身首異處的原因之一。例如，丁原董卓兩人之死，給了呂布相當大的好處，但是也給了他極大的罵名。當呂布又被曹操所俘之後，又想聯手曹操共打天下，但是曹操並不傻，丁原和董卓血淋淋的例子擺在眼前，他又怎麼會去步他們的後塵呢？更何況，呂布曾經得到兗州地方勢力的支持，起兵對

呂布

抗曹操，一度把曹操逼至險些無家可歸的境地。所以，曹操最終下令縊殺呂布。

另外一個重要的原因是，呂布驕縱無禮，目中無人，縱容屬下。呂布投靠袁術之時，袁術因其殺董卓有功，而對其禮遇有加，但是呂布卻縱容屬下惹得民怨沸騰，令袁術對他非常不滿。呂布之後跟隨袁紹之時，也犯了同樣的錯誤。

呂布另外一個缺點，也是最大的問題，即不會用人。高順是呂布的手下大將，為人忠誠善戰，呂布也知其為人，但是卻不重用高順。呂布重用了**魏續**，然而**魏續**卻背叛了呂布。郝萌之亂，郝萌部將曹性檢舉陳宮同謀，呂布因為陳宮是手下重將，而不追查，但是臨到重要關頭，又疑心陳宮，不能用其計。

不可否認，呂布有才，但是他卻不懂得修身。呂布短暫的一生，可謂是跌宕起伏，傳奇而具有戲劇性。從丁原到董卓，再從袁術最後至劉備，他把漢末這麼多風雲人物如曹操劉備袁紹袁術都得罪光了，先不論其好壞，但要做到這一點著實不易。

關羽緣何由武將升為「萬能之神」

關羽其人，不論是從正史，還是演義之中，都可以一句話來總結：關羽是一個蓋世英雄。

劉關張桃園結義，劉備顯示了其作為領導人的才能，關公則擁有作為武將的天賦，而且還是一個忠肝義膽的人，這些都可以從他日後的事蹟看出。

《三國演義》就曾寫到「美髯公千里走單騎，漢壽侯五關斬六將」，這是他勇的表現。《三國志‧蜀國傳》中記述：「及羽殺顏良，曹公知其必去，重加賞賜，關羽盡封其所賜，拜書告辭，而奔先主於袁軍。左右欲追之，曹公曰，『彼各為其主，勿追也』。」

曹操曾下重金挽留關羽，但是關羽不為所動，曹操的部下想要趁機殺掉關羽，但是曹操放了關羽一馬。而在華容道事件之時，面對忠與義的選擇，關羽還是義字當先放了曹操，這是關羽義的表現。忠肝義膽固然值得敬佩，可是這與「萬能之神」還是有差距的，而這個鴻溝的跨度還並不小。那麼，在史海中沈浮千年，關羽是如何由一個武將變為現代的「萬能之神」？

我們首先就應該了解一下「萬能之神」所謂何意。萬能之神就是指關羽是關聖帝君、伽藍菩薩、武財神、武聖等，與「文聖」孔子齊名。從魏晉南北朝開始，人們開始信仰關公，到了明代，當關羽成為武廟主神，與孔子「文廟」並祀之時，關羽從一

名武將最終「飛升」為人們共同信仰的神，直到今天在許多地方也都很盛行。

　　人們信奉關公，認為他能夠主宰人們的壽、祿，古代科舉之前也要拜關公，除此之外，他還能治病除災、驅邪避惡，這些全能的法力，也是人們對他頂禮膜拜的主因。

　　仔細分析一下關羽的這些封號。首先，關羽作為武將，後世人們給他「武王」或是「武聖人」的尊號，並不奇怪。其次說他能驅邪避惡，治病除災，這可能也與關羽身為武將有關，因為他能帶給別人一種安全感，而且關羽「丹鳳眼，臥蠶眉，面如重棗，五絡長髯」這樣的面相，也能給人一種威懾力。但是有關科舉和壽祿，則相差太遠。

　　除此之外，關羽作為「萬能之神」，他還有一件令許多人羨慕的法力，那就是財神。中國古代的財神主要分為文財神和武財神。文財神是陶朱公范蠡，這並不奇怪，范蠡作為一個經商能手，代表財神並不為過，他的職司即保佑人們能夠多賺錢財。另外一個武財神，即關羽。

　　關羽，一介武將，又如

關羽

何能與財富扯上關係？其實，這也與關羽忠義的武將形象有關，因為人們都敬佩和害怕他的威名，商賈們都敬佩關公的忠誠和信義，希望關公作為他們發財致富的守護神，而人們也希望商賈堅守誠信進行交易。於是關公成為正義的維護者，他那把青龍偃月刀從不離手，時刻在警示世人：君子愛財，取之有道。

關羽從武將到「萬能之神」的跨越，並不是一蹴而就，而是不斷地升遷。雖然歷代都在不停地為他進封，但是他頭銜依然只是「王」，這與孔子「文聖」還有很大一段距離。

真正讓關羽成就「武聖」是在明朝，萬曆二十二年關羽被晉封為「協天護國忠義大帝」。萬曆四十二年，又改封為「三界伏魔大帝神威遠鎮天尊關聖帝君」，此時他的封號是「帝」。明朝末年，才真正成為武聖，這時他已經是萬能的化身。

關羽在明代又為何能有如此的跨越呢？明末元初，外族當政，文人備受欺壓，社會需要一個維護正統道義的有力形象來維持皇權正統學說，而關羽自身的智勇忠義原形可塑性很強。於是關公在沈寂了幾百年後，被羅貫中以一部小說的形式重新推到了史海的浪尖之上。關羽忠信禮義俱備的全才形象無形之中成為人們的精神支柱，人們把他萬能化也並不足為奇。

正史中的周瑜為何遭後世貶斥

「既生瑜，何生亮」，這一聲嘆息，幾百年來一直迴盪在民間。這是《三國演義》對於周瑜最大的感嘆。同情之聲清楚地表現了他的形象，雄才大略，但是在面對蜀漢集團的中心人物之時，又不得不退一射之地。對於那些中心人物，周瑜只能是陪襯。這樣一個矛盾結合體，卻與正史之中周瑜的形象大相徑庭。

正史《三國志》詳細地描述了三國段英雄輩出、蕩氣回腸的歷史，諸葛亮、龐統、司馬懿、周瑜並稱為臥龍鳳雛幼麟冢虎。冢虎即周瑜。周瑜是一個完美的化身，不論是政治軍事上，還是人品修養上，都可謂高人一等。

「英雋異才、文武韜略，可謂萬人之英」，再加上上天的厚愛，給了周瑜俊美的外表，風度翩翩的周瑜就是一個無可挑剔的文武之才。

周瑜還具有良好的政治眼光。他少年時就送錢糧資助孫策，並一起攻打江東，可謂是少年風光。隨後與孫策南征北戰，為東吳政權的建立立下了汗馬功勞。

在軍事上，周瑜膽略過人，智勇雙全。赤壁大戰，力主抗曹，以少勝多，大敗曹操。之後，又高瞻遠矚，準備攻打蜀漢政權，與曹操二分天下。

個人修養上，性度恢廓，情趣高雅。孫策死後，面對比自己年幼的孫權，極為恭敬。陳普曾與周瑜不合，時權為將軍的周瑜

折節下交，終令陳普折服，並說：「與周公瑾交，若飲醇醪，不覺自醉。」

周瑜精通音律，文學作品中還有一個典故「曲有誤，周郎顧」。大致就是說即使是喝醉了酒，如果有人的音律有誤，周瑜還是能聽得出來，而且還能糾正其錯誤。

可是，就是這樣一個雄才大略，又如瑾似瑜的人物，後人對他的評價卻是越來越低。到最後卻成了為一位心胸狹隘，毫無才華可言的庸才。周瑜民間的形象，一落千丈，面目全非。

這也是一個長期發展的過程。東晉時期，蜀漢政權被視為封建皇權的正統，那麼偏安江左、失去了半壁江山的東吳政權就遭人詬病，首當其衝的就是大將周瑜。習鑿齒的《漢晉春秋》就對周瑜進行了貶低，周瑜就從英雄變成了「小人」。

唐朝時期，詩詞繁榮，自由的文化氛圍使大量唐詩開始涉及正統之爭。不論是杜甫還是杜牧，都在詩詞中表現出了對蜀漢政權的偏好，在詩文中也不斷地不加掩飾地調侃周瑜。

此時，歷史在文學之中也出現了偏差。到了宋代，文人政客間的朋黨之爭，使得人們在思想政治上的較量更為驚心悚目。當然，關於三國之爭也沒有幸免。當朱熹的理學佔了歷史的上風時，尊劉貶曹已經開始成了定局。為了達到尊劉的目的，那麼曹魏、東吳政權自然成為貶低的對象，周瑜作為東吳最具代表性的人物，也不可幸免。

在宋代民間話本《三國事略》，周瑜的形象更是不堪入目，鼠目寸光，好大喜功，心胸狹隘。到了明代，出現了舉世矚目的《三國演義》。這個演義文學將周瑜的形象完全改變。作者為了美化諸葛亮，而貶低周瑜，把周瑜這個一代名將貶低為小心眼的代名詞。

然而《三國演義》對人物進行了大量的藝術處理，不可當真，「三氣周瑜」當然就更是毫無歷史根據，歷史上的周瑜最後是病逝於出征途中。此外，不論是草船借箭，還是賠了夫人又折兵、智激周瑜、借東風等等問題，從正史考查下來，其實都與周瑜本人無關。

　　在《三國演義》之中，周瑜作為一個配角出現，自己的人性光輝在面對主角的時候也被磨去棱角，這種演義小說一直以來的暢銷，也是使得周瑜遭到後世貶斥的主因。

岳飛屍體「越城」而走之謎

　　如果要為南宋建一座忠烈祠，那麼著名愛國將領岳飛一定是穩坐其中的頭把交椅。岳飛19歲投軍，39歲冤死獄中，20年戎馬生涯，抗擊金軍，保家衛國。但是，就是這樣一位無私奉獻的將軍，卻被陷害致死，直到宋孝宗年間才得到昭雪。岳飛蒙冤的21年間，岳飛埋葬於何處，人們眾說紛紜。岳飛死於開封獄中，死後屍體又是如何「越城」而走的呢？

岳飛

　　岳飛生前一直致力於抗擊金軍，在軍中也是身先士卒，紀律嚴明，多次打破金軍的進攻。公元1140年，岳飛打敗了金軍將領完顏兀朮，大破其「拐子馬」軍，最後金軍不得不退守燕京。因此金國貴族感嘆道：「撼山易，撼岳家軍難。」

　　但是，在此大勝之時，南宋高宗卻因害怕岳飛會接回被金國扣留的前皇帝而影響到自己的帝位，因此連下了十二道「金字牌」命，要求岳家軍撤退。最後岳飛不得不撤軍，十年抗擊金軍的成果毀於一

且。

　　回到開封不久，因為岳飛對前朝皇帝的忠心，已經完全觸犯了高宗的底線，高宗唆使秦檜設計陷害岳飛，讓岳飛冤死獄中。岳飛的兒子岳雲和手下將領也在眾安橋被處死。

　　岳飛死於獄中，因此屍體應該是由政府處理，但是岳飛的遺骨卻在獄中失蹤。人們根據《朝野遺紀》記載：「獄卒隗順負其屍出，逾城，至九曲叢祠中。故至今九曲王顯廟尚靈。順葬之北山之誑。」得出，岳飛的遺體是被一個叫隗順正的獄卒偷偷運出來埋葬在九曲叢祠旁，隗順正還在岳飛墓前作了標記，以便日後岳飛平反後，能夠找到其屍骨遷葬。

　　岳飛死後21年直至平冤昭雪期間，關於他所葬何處一直都有不同的說法。民間傳說岳飛的遺體葬於杭州眾安橋下。這裡在南宋時期是鬧市區，掩埋在這裡很難不引起官府的注意，也不存在「越城」而走的說法，所以這個說法是不成立的。

　　岳飛死後21年，許多人要求為岳飛平反，終於，在宋孝宗年間得到平反，而孝宗也給高宗留了足夠的面子，假稱「仰承」高宗「聖意」，給岳飛恢復官爵與名譽。官府通過隗順正的後人找到了岳飛的遺骨，改遷至杭州西子湖畔棲霞。這才是岳飛遺體「越城」而走的真正原因。岳飛墓幾經修葺，仍然保持南宋時期的建築風格，讓後世之人得以憑吊。除了岳飛墓，人們也在各地建立了岳王廟來紀念岳飛。

　　岳飛之死，使得南宋最傑出的將領就此隕落，這也是中國歷史上最悲痛的冤獄之一。

吳三桂降清疑點頗多

　　吳三桂歸降清朝，使清軍不費一兵一卒佔領山海關，改變了整個中國歷史的進程。吳三桂忠明叛明，聯李破李，降清叛清，因此吳三桂是大漢奸的蓋棺定論，得到了大多數人的認同。但是，學術界對於吳三桂降清還有頗多爭議。

　　公元1644年，李自成攻破北京，崇禎自殺，吳三桂放棄山海關，引清兵入關擊退李自成。清政府成立之後，吳三桂被封平西王，管理雲南貴州地區。吳三桂也被貼了叛臣賊子的標籤。

　　近年來，經史學家考證，當年李自成十萬大軍到達山海關下，吳三桂確有向滿清求援的舉動，但是吳三桂是否降清，還有待商榷。

　　廣為傳頌的「衝冠一怒為紅顏」的故事，歷來被人們認為是吳三桂降清的主因。其實，吳三桂降清與否的疑點還是頗多。大多數人認為吳三桂主動投降清朝，依據主要在於：清政府成立之後，給了吳三桂王爵，吳三桂作為明將，為何會被清政府封為平西王呢？極有可能是因為吳三桂投降，獻出山海關，讓清軍順利通過山海關，入主中原。吳三桂的投降對清朝統一天下的大業作出了重要的貢獻，因此清政府以封王來獎勵吳三桂。

　　此外，明朝滅亡以後，南明政權曾多次要拉攏吳三桂反清復明，吳三桂卻採取了追殺南明永曆王的舉動，這無疑成為吳三桂背叛明朝的鐵證。

但是，也有不少人持相反的觀點，認為吳三桂並未降清，而是形勢所迫。吳三桂的確向清政府借過兵馬以攻打李自成。關鍵在於他所借兵馬的人數——一萬人。

　　為何只是區區一萬人呢？難道吳三桂就能夠因為多了這一萬清兵就能打敗李自成？這顯然是不可能的。戰場何等殘酷，並不是區區一萬人就能改變形勢。

　　況且，李自成十萬大軍兵臨山海關下，雖然吳三桂只有五萬兵馬駐守山海關，但是這並不代表吳三桂怕了李自成。因為吳三桂這五萬兵馬都是長年南征北討而組成的精銳之師，李自成雖然在人數上佔優勢，可是他的大軍戰鬥力並不強。

　　所以，從戰鬥力上來說，吳三桂的大軍並不輸給李自成。既然吳三桂並不害怕李自成，那麼他為什麼還要向清軍借兵呢？他又是如何向清軍借兵的呢？這就涉及與吳三桂和清朝都有密切關係的兩個人，即降清明將洪承疇和祖大壽。

　　洪承疇是吳三桂的老上司，祖大壽則是吳三桂的舅舅。當初洪承疇降清時，被俘明軍有三千人，而祖大壽降清之時，被俘明軍有七千多人，兩組人數相加正好是一萬人。與吳三桂借兵一萬正好吻合。

　　在祖大壽與洪承疇的配合之下，吳三桂想要借得這一萬人馬也極有可能。然而，吳三桂真正的目的並不是借兵，而是要收回這一萬兵馬，並借此擺脫清軍的威脅。

　　吳三桂能想到的，多爾袞當然也能想到。即使如此，多爾袞還是必須要拉攏吳三桂。吳三桂與多爾袞商定，清軍由中協入關，與吳軍配合，兩面夾擊李自成。

　　當戰役打開之時，清軍十四萬支援大軍卻直撲山海關而來。形勢對吳三桂極為不利，吳三桂不得不讓出山海關。

換一個角度，如果吳三桂一開始有就有意降清，那麼他也沒有必要向清軍借兵，甚至發動對李自成的戰役，最後還讓本來已經落入自己圈套的李自成逃走，而害死了自己的親人。

其次，還有問題在於，吳三桂打退李自成的大順農民軍之後，南明小朝廷曾經為了表彰吳三桂打退李自成的功績，特封吳三桂為薊遼王。如果吳三桂降清，南明朝廷也不可能封賞一個背叛自己的叛將。這也說明吳三桂當年並未降清。

從吳三桂剛直的性情來說，他也不可能降清。山海關之戰，多爾袞背棄了與吳三桂的信約，讓十四萬大軍直撲山海關而來，吳三桂與多爾袞雙方已經失去信任感。因此，在多爾袞執政期間吳三桂根本不可能降清。吳三桂真正降清也應該是在多爾袞去世之後。

施琅是不是忠臣

施琅，福建晉江衙口人，祖籍河南省固始縣方集鎮。字尊候，號琢公，生於天啟元年（1621年），卒於康熙三十五年（1696年）。施琅是一個頗有爭議的歷史人物，對他的認識人們往往存在這樣的分歧：施琅是收復寶島台灣，促進祖國統一大業的愛國將領；他是背棄明朝，投靠清朝的叛臣。

從小生長在海邊的施琅，擁有一身技冠群雄的武功。順治三年（1646年），施琅加入鄭成功的抗清隊伍，不久成為鄭成功旗下最為得力的驍將。

早年時的施琅，擁有要強的脾氣性格，常與鄭成功擦出不和的火花。順治八年（1651年），施琅對鄭成功「捨水就陸」、掠奪軍餉的舉動提出了異議，引發了彼此間強烈的不滿。

之後，施琅的部下曾德因犯罪而逃至鄭成功處，並在鄭軍中得以重用。施琅不顧鄭成功的意願，殺了曾德，因而再次得罪鄭成功，形成不可調和的矛盾。

鄭成功下令將施琅父子三人（施琅及父親施大宣、弟弟施顯）逮捕起來，投入大牢。施琅用計逃到大陸，可是其父和弟弟卻慘遭殺害，施琅被迫降清，任福建水師提督，與鄭成功為敵。

康熙二十二年（1682年），施琅率領清軍東征，攻克澎湖，打下台灣鄭氏王朝。當時的台灣同清朝政府經過多次的談判都沒能達成一致，而施琅作為收復台灣的功臣，對完成清朝的統一起

了重要的作用，也為清奠定現代中國版圖，鞏固和發展多民族國家作出了貢獻。

在清軍入澎湖之時，有人認為施琅可以借此機會為親人報仇，施琅卻以其寬廣的胸襟告之，我們的作戰是為國為民，而非私事。他還示意他的手下，不能公報私仇。

收復台灣後，朝廷內部對是否留台的問題產生了爭論，在施琅等少數大臣的力爭下，康熙轉變了之前「棄台」的觀點，認識到台灣戰略地位的重要性，採納了施琅的意見，決定留守台灣，治理台灣。

忠，自古就是中華民族的優良傳統。即要盡心盡力，真實誠意，沒有二心。而對輾轉於明清的施琅，人們的看法可謂是仁者見仁，智者見智。

有人視施琅為「叛徒」，作為一個臣，他就必定要忠於其主。本是明朝將士的施琅，就得臣服於明朝，臣服於鄭氏，乃至獻出生命也在所不辭。台灣本是他的故土，而他卻引狼入室，帶領著清廷軍隊攻打台灣，這是對國家的不忠；明清之爭乃滿漢之爭，施琅投身強大的清政府而欺凌弱小的台灣，是對民族的不仁；施琅進攻台灣，打倒鄭氏政權，背叛了曾經的君主，是對君王的不義，由此可見是個十足的「漢奸」。

有人追捧施琅為「民族英雄」，認為鄭成功殺害其父親和弟弟，是不義在先，那麼施琅的降清也就不是不忠。而此時清朝的建立和強大已是不可逆轉的趨勢，鄭氏堅守的台灣與清朝政府不再是兩個民族、兩個帝國之間的鬥爭，而是關乎國家統一和領土完整的問題。不管是滿族還是漢族都是中華民族的一分子，他收復台灣，是從大局出發，從整體的利益出發，他維護了中國大一統的版塊，維護了整個中華民族的利益，所以說施琅是個忠國忠

民的有功之士。

　　也有人認為，評價施琅，不能夠因為他投靠清軍，就給他背上「叛臣」的罪名，而否定其作出的貢獻，也不可因為收復台灣而一味將其尊奉為「忠義」的聖賢，忽視他易主的事實。

　　歷史已然逝去，對於施琅的評價，不同的人從不同的角度會得出不同的結果，而施琅到底是不是忠臣，也自有後世來評說。

多爾袞有無謀逆之心

多爾袞的一生戰功顯赫，少年得志，而後帶領滿清皇權攻入北京，幫助年幼的順治帝一統中原，開啟了清皇朝入主中原的歷史篇章。開國定制的多爾袞位高權重，一人之下，萬人之上，然而多爾袞正值壯年卻突然發病去世，死後不久更是被朝廷全面清算、削爵、擢宗室、籍家產、罷廟享、斷其後嗣、掘墓、開棺、鞭屍，這些鮮血淋灕的殘殺，都是政治舞台上權力爭奪的結果。

多爾袞的一生跌宕起伏，他可謂是個文武全才，但是為何又會在爭奪後金汗位之時失敗，他是否有意奪取大清帝位，多爾袞與孝莊皇太后的關係為何？多爾袞也給後世留下了一個個的不解之謎。

多爾袞死後獲罪，殘酷而血腥的屠殺，至於多爾袞得禍的原因，史書歸罪為他想當皇帝。但是乾隆帝卻認為這是「誣為叛逆」。那麼多爾袞是真的有叛逆之心嗎？

少年得志的多爾袞在努爾哈赤死後，與皇太極爭奪後金汗位失敗，其母阿巴亥成為政治鬥爭的犧牲品，因所謂的太祖遺命而自盡殉夫。得寵於努爾哈赤的多爾袞本是最有可能繼承汗位之人，卻被皇太極繼位，內心的不甘可想而知。

多爾袞通過卓著的戰功，逐漸獲得了皇太極的信任，也正是通過這種信任，他開始逐漸削弱昔日曾打擊他與母親的敵對勢力，等待時機，覬覦權柄。

皇太極死後，多爾袞所作的幾項決定就可以看出他是否對帝位有野心。

首先，多爾袞擁立了年僅6歲的福臨繼位。

這是他權衡各方所作出的決定。因為皇太極死後，與多爾袞爭奪帝位最大的對手就是皇太極長子豪格。綜合各方面條件來說，豪格與多爾袞勢均力敵，但是豪格卻在爭奪過程中取得了代善和濟爾哈朗的支持，這給多爾袞造成了更大的威脅。權衡利弊，選擇福臨繼位，就可以有效地阻止豪格奪得帝位，而且年僅六歲的福臨，在多爾袞看來也只是一個乳臭未乾的孩子，可以很容易地有效地掌握。

這樣的做法是不得已的選擇，把皇位給一個孩子總要好過給一個強勁的對手，皇位給了豪格，自己想要拿回來，幾乎沒有可能，然而給一個孩子，想要拿回來就容易多了。對多爾袞而言，福臨也只是暫時替他保管皇位而已。他需要爭取更多的時間來打擊自己強勁的對手。

其次，福臨繼位之後，多爾袞對小皇帝的態度也很放任。

福臨也無法親政，睿親王多爾袞和鄭親王濟爾哈朗輔政，多爾袞也開始逐漸培植自己的勢力。一方面，多爾袞放任福臨玩樂，不為他選擇老師來教導，也可以說是多爾袞並不希望其成才，以此來減少福臨對自己的威脅。另一方面，多爾袞也極不把小皇帝放在眼裡，順治七年，多爾袞還以自己的正妃元妃去世為由，強行要求小皇帝到攝政王府向他請安，這顯然就是在向小皇帝示威。此時的多爾袞幾乎已經成為名副其實的地下皇帝。

第三，多爾袞對待曾經的敵人豪格和舒爾哈齊的態度。

多爾袞對共同主政的舒爾哈齊也是懷恨在心，因為舒爾哈齊曾先主張立豪格為帝，而後又同意立福臨，就是沒投多爾袞的

票，多爾袞早就對此耿耿於懷。於是多爾袞巧立各項罪名，最後把舒爾哈齊擠出了權力中心，由自己的胞弟多鐸取代了舒爾哈齊。

同時多爾袞也向著自己的主要政敵豪格開刀，將豪格廢為庶人。雖然有小皇帝為豪格求情，但是豪格終究沒有逃出多爾袞的手心，冤死獄中。豪格死後，出於政治上的報復心理，多爾袞將豪格的正妃娶入王府之中，成為繼妃。

多爾袞除去兩位主要政敵之後，不久便稱皇父攝政王。在此之前，順治為了安撫多爾袞，已經賜封其為皇叔父攝政王。現在由皇叔父攝政王到皇父攝政王，雖然只有一字之差，意義卻相差千里，現在就相當於兩個皇帝，多爾袞的野心已經昭然若揭。

多爾袞死後下葬之時，還偷偷將生前準備的黃袍、大東珠、素珠、黑狐褂等放入棺內。而這些東西，在那個年代也只有皇帝才擁有使用權哩。

多爾袞生前沒有公開稱帝，主要原因還是在於其實力不能與皇權相抗衡，但是他的種種跡象表明，他確實是有謀逆之心。

石達開在大渡河畔的信函之謎

　　石達開是太平天國農民起義的傑出領袖，少年投身太平天國，英勇善戰，足智多謀，功勳顯著，被封為翼王。可惜，太平天國後期，內部混亂，石達開終於在1857年率20萬兵馬從天京出走，轉戰數年，卻難覓一足之地，後來他毅然決定進軍四川，最終喪師於大渡河畔。一代英豪，飲萬古長恨。

　　石達開向四川進軍，路過大渡河畔，遭到清軍與地方土司緊緊圍困，成為釜中之魚。經過六個月的征戰，仍未能擺脫困境。無奈之下，石達開決定用自己的頭顱換取數萬將士的生命，自投清營，不幸犧牲。

　　《太平天國文書匯編》記載，石達開在無可奈何的情況下，命軍師曹偉人給清軍寫了一封信。信的內容是：石達開願意以自己的生命為代價，請清軍放過幾萬將士。這封信被射入了駐守在大渡河對岸的清朝四川重慶鎮總兵唐友耕的軍營中。因此，人們一直認為此封信是石達開寫給唐友耕的。然而，史學界又對這封信的收信人提出了新觀點，眾說紛紜。那麼，這封信的收信人到底又是誰？

　　最值得關注的說法有兩種：一是，收信人是重慶鎮總兵唐友耕，另一種說法是四川總督駱秉章。

　　收信人是唐友耕的說法來源於1908年唐鴻學所編《唐公年譜》。此書中就提到了石達開在大渡河畔所寫的信。據《唐公年

譜》記載，信的內容是：「惟是閣下為清大臣，當得巨任，志果推誠納眾，心實以信服人，不蓄詐虞，能依清約，即冀飛緘先復，拜望台駕近臨，以便調停，庶免貽誤，否則閣下遲行有待，我軍久駐無糧……」

持這種觀點的人還有蕭一山，他認為《唐公年譜》附錄的石達開信函是可靠的，該信的確是石達開寫給唐友耕的。蕭一山還寫成了《翼王石達開致清重慶鎮總兵唐友耕真柬偽書跋》一書。《廣東文物》按照蕭一山的說法，著有《石達開致唐友耕書》一書。因此，此種說法一直廣為流傳。

簡又文先生也認為收信人應該是唐友耕。他提出，據《太平天國全史》記載，「致唐函更見之《唐公年譜》，尤為可信」。

但是，羅爾綱先生卻認為《唐公年譜》所收錄的信件的確出自石達開，但收信人並非唐友耕，而是駱秉章。

因為唐鴻學是唐友耕之子，唐鴻學著《唐公年譜》，並收錄了石達開的信，可能會為了給父親臉上貼金，故意把收件人改為唐友耕。

那麼，收信人是駱秉章的說法從何而來呢？主要來源於四川《農報》的一篇標題為《致四川總督駱秉章書》的文章，該篇文章表明收信人應是駱秉章，而不是唐友耕。

因為四川農民高某在紫打地偶然發現了石達開的函稿三通，稿中內容說明石達開是要寫信給駱秉章的。羅爾綱先生認為此稿為真實信函，是沒有經過唐鴻學篡改的。

人們之所以贊成這種說法，另外一個依據主要是根據書信的內容來分析。《太平天國文書匯編》記載：「惟是閣下為清大臣，肩蜀巨任，志果推誠納眾，心實以信服人，不蓄詐虞，能依清約，即冀飛緘先復，並望貴駕遙臨，以便調停，庶免貽誤，否

則閣下遲行有待，我軍久駐無糧……」

此處的說法與《唐公年譜》大致相同，但是還是有區別。首先，把「肩蜀巨任」改成了「當得巨任」，其次把「並望賁駕遙臨」改成了「拜望台駕近臨」。

羅爾綱先生認為，這是唐鴻學為了使人相信此信是石達開寫給唐友耕，而故意做的篡改。因為從唐友耕和駱秉章的職位來看，唐友耕是重慶鎮總兵唐，而駱秉章是四川總督。能擔當「肩蜀巨任」的人只有可能是駱秉章。從當時兩人所處的地方來看，當時唐友耕與石達開隔河相望，而駱秉章卻在四川，適合「賁駕遙臨」的也只有駱秉章。

此外，唐友耕是降清太平軍，而且作為重慶鎮總兵，也無生殺釋放大權，石達開又怎麼可能會寫信乞求唐友耕放守自己的將士呢？顯然，此封信的收信者最有可能的就是駱秉章。

總之，石達開到底是寫信給了誰，一直也沒有統一的定論。

李秀成投降書真假疑雲

　　李秀成，出身貧寒，起初只是太平天國一個普通的士兵，但是他智勇過人，戰功顯著，曾攻破清軍的江北、江南大營，三次進軍上海，打敗華爾洋槍隊，逐漸成長為太平天國後期最重要的領導人物。

　　太平天國這一場浩浩蕩蕩的農民運動，將李秀成推上了歷史潮流。太平天國後期，由於內部存在的弊端，逐漸衰退。太平天國被清軍攻破之後，李秀成也不幸被湘軍俘虜。李秀成在湘軍天牢裡寫下了一篇長達五六萬字的《親供》，即《李秀成自述》。這篇《自述》成為李秀成戎馬一生的最大污點，晚節不保。

　　那麼這封類似於投降書的自述是否真是出自於李秀成之手？現代很多學者對李秀成投降書的真偽提出了質疑。

　　《李秀成自述》最先見於清政府宣佈的投降書。這份投降書是由曾國藩從李秀成完成的自述之中刪改謄抄的一部分，而上交軍機處。並由九如堂刊刻行世，即「九如堂本」。《李秀成自述》的原本被曾國藩保留下來，從不肯公開示人。但是，人們對曾國藩手中的《李秀成自述》的真偽也有所懷疑。

　　許多人認為，不論是清政府公佈的投降書，還是曾國藩所保留的原本，都並非出自李秀成之手。

　　在清代，作偽弄假之風盛行，清政府極有可能捏造了一篇所謂的《李秀成自述》，偽托是叛軍領袖的供狀，謊稱他們俘獲了

這個領袖。這篇《李秀成自述》也極有可能是某個著名的俘虜所偽造，或者是曾國藩的狡獪幕僚所偽造。但是又有人提出，如果《李秀成自述》是偽本，那麼曾國藩又何必把這麼一份顯然是假造的文書藏於家中呢？

　　《李秀成自述》一共分為九天寫成，每天寫成一部上交，那麼全書中間應該就有8個間隔。每天隨寫隨交，正品應該就是要分為九個部分。但是現在所見的《李秀成自述》「原稿」的影印本文字相連，每天都寫到最後一頁紙的最後一行字，看不出天與天的間隔。

　　因此，這份如此一氣呵成的「原稿」極有可能是曾國藩派人將李秀成每天所寫的真跡抄在一起得來的。

　　另外，從字數上看也存在疑問。據說原稿一共有五萬多字，然而影印本卻只有三萬六千多字，剩下的一萬四千字去哪兒了呢？顯然極有可能是被曾國藩刪改掉了。

　　從書寫形式來看，曾國藩所呈的自述書中對於太平軍與湘軍的交戰情況十分簡略，很明顯也是被人動過手腳。而且這份自述中出現「上帝」「天王」並不多，許多避諱也有問題，例如把該避諱的「清」沒有避諱，而不該避諱的「青」卻寫成了「菁」，這並不符合太平天國的書寫規範。

　　從李秀成被捕的時間來看，正是酷暑難耐的夏天，嚴刑拷打、被關囚籠之中李秀成又如何寫下這洋洋灑灑的數萬言自述。

　　相反的，有許多人認為《李秀成自述》的確是出自李秀成之手。廣西通志館的呂集義來到湖南湘鄉曾國藩的老家，有幸見到了《李秀成自述》原稿，並據此而寫成了《忠王李秀成自述原稿箋證》。

　　後來羅爾綱先生把《忠王李秀成自述原稿箋證》與李秀成其

他書信進行比較，從筆跡、語匯、用詞、語氣、內容等多方面進行鑒定，他認為這份「原稿」是真品。

對於原稿首尾相連甚好，一氣呵成的問題，陳麓先生認為這與個人的書寫習慣有關。李秀成作為一個成年人，早已形成了通行書寫的習慣。

對於字數缺失的問題，有人認為極有可能是李秀成誇大的說法，因為不論是曾國藩，還是李秀成本人都不可能去掉字數。所謂的五萬字是他們估計過高的結果。而曾國藩在謄抄過程中就發現了這個問題，所以在他給不同人的信件之中對於這份自述書的描述也各不相同。

對於曾國藩上呈清廷的文件之中，鮮少提到湘軍與太平軍交戰的問題，也可能是由於曾國藩為了炫耀自己鎮壓太平天國運動的功勞，而對原本進行了刪減。

錢遠熔先生也認為這個「原稿」是李秀成的真跡，甚至還是完整無缺的。曾國藩只對它進行了刪改，並沒有撕毀或是偷換。

對於《李秀成自述》的真假問題，到目前為止，也沒有得出統一的定論。

兵權在握的曾國藩為何不反

太平天國運動掀起中國農民運動的高潮，伴隨著太平天國產生的還有曾國藩的湘軍。曾國藩的湘軍在鎮壓太平軍，維護清王朝的統治之中不斷發展壯大，成為清王朝最具實力的軍事力量。而此時清政府的八旗軍戰鬥力早已薄弱不堪，因此曾國藩成為晚清的支柱石。曾國藩身為朝廷重臣，又手握兵權，政客門生滿布天下，控制了清政府的半壁江山。

天京陷落之後，李秀成被俘，曾國藩的實力進一步增強。此時的他就像三國的曹操，北宋的趙匡胤。趙匡胤在適當的時機黃袍加身，成為一代帝王，留名青史，與趙匡胤情況極為相似的曾國藩為何沒有造反呢？如果他以自己實力強大的湘軍為主力，聯合李秀成的太平軍，抗擊清軍，成功的機會不謂不大，為何曾國藩會放棄如此好的契機？

一方面，早在安慶戰役後，曾國藩部將胡林翼、左宗棠已經開始勸進；另一方面，攻克金陵、平定太平軍以後，清朝統治者違背了自己「克復金陵者王」的諾言，使得曾國荃、彭玉麟、左宗棠、鮑超等勸進分子再一次擁戴曾國藩出面，反抗清廷。隨後名滿天下的學者王闓運也力勸曾國藩造反。面對這麼多人的提議，曾國藩依然拒絕。這其中也有他自己的思量。

首先，從曾國藩自身而言，曾國藩深受儒家思想影響，忠君衛道的觀念根深柢固，造反的可能性不大。而且，曾國藩熟讀史

書，也深知造反會給中國帶來極大災難。

晚清時期的中國，列強環繞，已經經不起一點內亂了，過大的動亂只會給帶來亡國的危險。而且當時洋務事業蓬勃發展，曾國藩還對實業救國抱著一絲希望，所以把自己大多的精力都投入到了中國的建設之中。另外，曾國藩不想做趙匡胤可能還與曾國荃有關，他也不想再重演趙匡胤與趙光義的故事，曾國荃積極勸進，甚至比趙光義更有野心，曾國藩即使黃袍加身，也難保曾國荃螳螂捕蟬，黃雀在後。

其次，從實力上講，湘軍雖名義上有30萬，實際上曾國藩能調動的僅有10餘萬人。李鴻章淮軍勢力早在太平天國未滅之前就獨樹一幟了，左宗棠自立楚軍。曾國藩湘軍內部並不團結。而且曾國藩手下幾員大將都已自成一派，關鍵時刻也難保他們不投靠清政府轉而對付自己。況且，湘軍經過長年的征戰，已不復當年朝氣，軍紀腐敗甚至超過當年綠營，戰鬥力也明顯減弱。

此外，曾氏集團的下屬官宦都是恪守封建教義的地主階級，也並不願意與李秀成的太平軍勢力合作，因為有失他們的聲望。

第三，從當時的中國現狀考

曾國藩

慮，內憂外患，即使打敗清政府，坐上了皇帝寶座，曾國藩所接手的江山早已殘破不堪，更何況還要面對列強的侵擾。

第四，對於清政府來講，對曾國藩早已有所防範。咸豐四年，曾國藩自主招兵數萬攻陷武昌，就引起了清政府的警覺。一介閒官就有如此大的號召力，對清政府來說並不是一件好事，反而有芒刺在背之感。所以天京陷落之後，清政府當即派了重兵把守天京，實際也在監視曾國藩。

正是由於以上原因，曾國藩才會放棄了各方的勸進，反而採取措施，自削兵權，以釋清廷之疑。

誰謀害了馮玉祥

　　1948年7月31日，一艘名為「勝利號」的客輪載著322名乘客從紐約起航，開往目的地蘇聯敖德薩。但是，「勝利號」卻在途經黑海之時，突然失火，大量乘客遇難。最讓人震驚的是，遇難人員包括了即將返回中國參加政治協商會議的馮玉祥將軍和他的小女兒。

　　一代愛國名將馮玉祥將軍就這樣離奇死亡。最奇特的是「勝利號」再過一天就能抵達終點站敖德薩港了。「勝利號」失火的原因是什麼？是人為？還是意外？它的失火與馮玉祥將軍又有何關係？

　　「勝利號」是大型的客貨兩用船，專門往返於紐約與敖德薩之間。這艘客船雖然配備齊全，但是蘇聯設施並不是特別好。輪船在發生火災之後，經蘇聯調查結果顯示，是由於電影膠片處置不慎而導致失火，火勢蔓延，最終導致整條船燒毀。

　　火災發生後，馮玉祥將軍身死「勝利號」的消息，引起西方世界的極大轟動，各家媒體紛紛報導，但蘇聯報紙卻對這個「不幸事件」諱莫如深，只有一則標題為《「勝利號」輪船發生不幸》的簡短報導，報導之中也完全忽略了火災的起因。

　　其實，馮玉祥將軍死於「勝利號」之上，並非偶然事件。馮玉祥11歲參軍，一步一步晉升到總司令的高位，是中國近代史上一位偉大的愛國主義者。而後，馮玉祥因對國民黨政府深深失

望，遠去美國。他在美國期間曾無數次地公開講演，譴責美國政府援助蔣介石打內戰的錯誤政策。

1948年，馮玉祥將軍登上「勝利號」毅然返國的原因，就是在於他接受了中國共產黨的邀請，回國參加即將舉行的政治協商會議。因此他的死亡給社會各界帶來了無盡的猜測。

值得注意的是，「勝利號」從紐約起程之前，紐約當局曾強迫對「勝利號」進行了消毒處理。也就是說「勝利號」上原有的200餘位工作人員必須全部離船，在消毒的兩天時間裡，沒有人知道「勝利號」發生了什麼。

另外「勝利號」在返程途中還突然接到黑海航運局的指示，要求「勝利號」繞道轉去埃及亞歷山大港，接收從埃及遣返回國的亞美尼亞人，把他們送回格魯吉亞海港巴統，然後再返回敖德薩。因為當時蘇聯因為戰爭造成了大量勞動力流失，需要急召僑居國外的人回國參加建設，流亡海外的亞美尼亞人也包括其中。

「勝利號」執行了此項命令。「勝利號」在亞歷山大港接收了三千多名亞美尼亞人返航，到達巴統之後返回敖德薩。路經黑海就發生了嚴重火災。所以調查人員人推測，有

馮玉祥

186

可能是破壞分子從亞歷山大港混入其中，後來在船上蓄意引起火災。而且在這批遣返人員上船後，人們在船上不同地方都發現了一種塊狀物體，像是某種礦石。這種礦石在燃燒時可以放出藍色火焰，能達到很高的溫度。但是調查機關並沒有按人為破壞說繼續追查下去。

此次事件最為蹊蹺的地方還在於：一是「勝利號」著火之後不久，蘇聯政府突然下令停止了亞美尼亞人的返鄉潮。二是在「勝利號」實際發生火災之前，美國的廣播電台就提前播報了火災的消息。

近年，馮玉祥將軍的兒媳余華心女士撰寫出版的《傳奇將軍馮玉祥》一書，也對馮玉祥將軍的死進行了分析，她認為馮玉祥將軍的死是一場經過精心謀劃的謀殺行動，特務事先在油漆輪船的時候，在油漆裡混入了大量的烈性炸藥，所以大火才能很快地燃燒起來。

「勝利號」失火的起因疑點重重，至今為止，對於馮玉祥將軍的死亡原因也沒有定論。

文人篇

孤傲書生黯銷魂

焚書坑儒是政治陰謀

焚書坑儒想要達到的目的不言而喻，就是維護始皇帝獨一無二、至高無上的中央集權。排除異己，當然這些異己不是戰爭場上的對手，而是那些可以用語言、文字傳播「反動思想」的文人們。也許秦始皇還有他的高參李斯明白，防民之口勝於防川決堤的道理。

任何歷史事件都不是隨機發生的，背後都隱藏著其必然發生的歷史規律，焚書坑儒其實是一場蓄謀已久的政治陰謀。我們姑且按歷史事件發生的先後順序來分析：

1.焚書

公元前231年一個陽光明媚的早晨，大臣們都早早地聚在了咸陽宮中，大家神色緊張，討論的時候儼然站成兩撥，很顯然他們今天不光是打群架那麼簡單，他們要討論的是關於大秦帝國國家體制的大問題。

其中一派，主張實行「分封制」，其重要政治基礎就是一些守舊的儒士，其中最有資歷的就是淳于越，這一派為「保守派」；另一派則主張實行「郡縣制」，主要由新勢力組成的政治集團，代表人物是李斯。

當兩方辯的不可開交的時候，嬴政給李斯一個眼神，李斯明白這個眼神包含的意思，李斯清了清嗓子說道，「五帝不相復，

三代不相襲，各以治，非其相反，時變異也。」今天陛下創下千古偉業，建立了不世之功，你們這些迂腐的人怎麼能理解呢？今非昔比，諸侯並橫時代，百家爭鳴。但是今天天下一統，法令一出，莫不遵從。你們這些人就是在新的政令頒布後拉幫結派，妄議法令，蠱惑百姓，這樣下去這天下還是嬴氏的嗎？

這句話說到皇帝心裡去了。

嬴政說：以卿之見，汝之奈何？

李斯只說了一個字「焚」。

秦王也只答了一個字「可」。

（足見配合之默契，目的之突出性）

至於如何焚書，李斯說道：「臣請史官非秦記皆燒之。非博士官所職，天下敢有藏詩、書、百家語者棄市。以古非今者族。吏見知不舉者與同罪。令下三十日不燒，黥為城旦。所不去者，醫藥卜筮種樹之書。若欲有學法令，以吏為師。」

從燒的規模和種類以及留有備份這些措施上看，這場政治運動是有預謀的，而且準備充足。如果沒有周密的計劃，即李斯關於如何燒的論述，那一旦燒起來誰能控制得了局面，說不定那些具體負責燒書的士兵只要看見竹簡就燒。

這些問題李斯肯定料到了。但是大家要問既然留有備份，為什麼這些珍貴的資料不見了呢，這就要問項羽了。

晚唐詩人章碣在其《焚書坑》一詩中寫道：「坑灰未冷山東亂，劉項原來不讀書。」

2.坑儒

關於坑儒其實是一個傳說。秦始皇既然建立了卓世功勳，所以他就實現了自己的人生理想，他在迷茫中迷戀上了長生不老。

於是大肆招募術士，於是大秦帝國除了當官的老百姓必須讓路外，那些術士的社會地位已然相當的高，所以江湖謠傳這裡待遇好，工資高，而且錢多人傻。

大批江湖術士奔赴咸陽。這些術士中侯生和盧生最得真人寵愛。這時候始皇帝已經不以朕自稱了，而自稱真人。但是這些東西畢竟是水月鏡花，時間長了見不到效果，始皇帝固然著急，一著急就會殺人。這些術士們朝不保夕的，都生活在集體恐懼當中，其中最為恐懼的當數侯盧二生了。他們選擇了逃跑，始皇帝勃然大怒，下令誅殺術士。

這樣就演變為大規模地坑殺術士了，後來儒士們把這些人追為烈士，於是坑殺的人憑空從術士變成了儒士。坑儒就由此被沿用下來了。

司馬遷在《史記‧儒林列傳》中也有這麼一段話：「及至秦之季世，焚詩書，坑術士。」故秦始皇主要坑殺乃方士術士，並非儒生。

綜上，我們可以大致得到這樣的結論，「焚書」根據史料記載確有其事，但是「坑儒」並不確切，真正坑的只是術士。

古人為何喜歡論資排輩

　　說到論資排輩，不得不提及它的由來。

　　據《魏書》第六十六卷崔亮篇載：「尋除殿中尚書，遷吏部尚書。時羽林新害張彝之後，靈太后令武官得依資入選。官員既少，應選者多，前尚書李韶循常擢人，百姓大為嗟怨。亮乃奏為格制，不問士之賢愚，專以停解日月為斷。」

　　是說朝廷之中武官為多，權勢龐大。太后又下令要選武官在中央和地方職權。官位名額有限，應選的人很多，前任的吏部尚書按照原來的辦法進行選拔遭到了世人的怨恨。現任的吏部尚書崔亮這才上奏太后，要求不論才氣，只論年齡輩分來任命官員。

　　顧炎武在他的《日知錄》中談論此事時也寫道：「停年格今之言停年格者，皆言起於後魏崔亮。今讀亮本傳，而知其亦有不得已也。」

　　所謂「停年格」指的是北魏自孝明帝之後開始實行的選拔官吏的制度，這種選官方式不理會治理才能，而是以年齡資歷的深淺來作為選拔的對象。

　　原來「論資排輩」始於崔亮。但是顧炎武又說，崔亮當初也是有著不得已的苦衷才以論資排輩的方式選拔官員。那麼他有什麼難言之隱呢？

　　當崔亮「論資排輩」的選官方式開始實施的時候，他的外甥劉景安對這種做法非常不理解，於是寫信給崔亮想要勸說。然而

崔亮卻回覆他說自己另有苦衷。

崔亮說：「汝所言乃有深致。……今勳人甚多，又羽林入選，武夫崛起，不解書計，唯可彍弩前驅，指蹤捕噬而已。忽令垂組乘軒，求其烹鮮之效，未曾操刀，而使專割。又武人至多，官員至少，不可周溥。設令十人共一官，猶無官可授，況一人望一官，何由可不怨哉？吾近面執，不宜使武人入選，請賜其爵，厚其祿。既不見從，是以權立此格，限以停年耳。昔子產鑄刑書以救弊，叔向譏之以正法，何異汝以古禮難權宜哉！仲尼云：德我者亦《春秋》，罪我者亦《春秋》。吾之此指，其由是也。但令當來君子，知吾意焉。」

崔亮之意是為：當今這個時代，有很多人的功績都建立於戰爭之中，習武之人勢力龐大。但是他們又不懂得文字，也不會寫寫算算，這樣的人怎樣能夠將國家打理好呢？由於官員名額有限，而朝廷又不同意給武官封爵加祿，我才只好出此下策，用年齡來限制他們進入官場把持朝政，其實也只是權宜之計。

說到這裡也許大家都會恍然大悟了，原來崔亮是為了限制武夫掌管國事才謀了「論資排輩」之策，可謂用心良苦。

然而崔亮卻不曾想到，他的權宜之計竟然會世代流傳，久經捶打而不爛。「論資排輩」的方式不僅在古代層出不窮，即使是到了現代社會，這種現象仍然沒有得到很好的遏制。

由於「論資排輩」所選之人大多不具有卓越的才華，有的甚至都是庸才，以至於現代人一提到「論資排輩」四個字時，難免心中會升起或多或少的厭惡之感。尤其是那些被「論資排輩」的方式擠出去的有為之士，更是對此怒氣沖天。如果讓他們知道了此法出自於崔亮，那這位老尚書恐怕又要含不白之冤了。

世間到底有無鬼谷子此人

　　相傳鬼谷子生活在戰國時期的楚國，姓王，名詡，此人神祕中透露著深不可測的魅力，關於他的出身民間有很多傳說，有說他是村夫慶隆和東海龍女的兒子，又有他是道教的洞府真仙的傳說。傳說並不足信，但鬼谷先生的神祕面紗一直至今也是個未解之謎。

　　認識鬼谷子，我們是從著作《鬼谷子》，但是人們最早了解《鬼谷子》是從《隋書‧經籍志》中得來的，但是此書的歷史真實性我們不得而知，這就產生了一個疑問：「鬼谷子到底有無其人？」

　　我們沒有在史料中發現一些直接記錄鬼谷子的文獻材料，但是間接提到他的卻很多，其中《史記》的記載頗為引起我們的注意，《史記‧蘇秦列傳》有提到，蘇秦「東師事於齊，而習之於鬼谷先生」。又有《史記‧張儀列傳》中又說，張儀「嘗與蘇秦俱事鬼谷先生學術，蘇秦自以不及張儀。」

　　也就是說蘇秦、張儀這兩位馳騁戰國的縱橫家都曾師承鬼谷子；而司馬遷《史記‧太史公自序》中也有提到：「聖人不朽，時變自守」，唐代著名的史學家司馬貞在其《史記索隱》中說：「聖人不朽，時變自守」此句引自鬼谷先生名作《鬼谷子》，《史記》探究歷史的態度和真實性我們無須懷疑，從司馬遷的話中我們可以得到其對鬼谷子確有一定了解。

　　鬼谷先生的重要學說就是縱橫之術，我們姑且從這條線上摸索關於鬼谷先生的一些事蹟，據司馬遷在《史記》中記載，漢武帝時期大臣主父偃曾學縱橫術。博學奇儒王充也曾學習縱橫之術並稱此術開山祖師乃鬼谷先生也。這就說明在漢代人們對縱橫之術的理解也來自鬼谷先生。

　　西漢劉向、漢魏蔡邕、魏晉皇甫謐、東晉郭璞、王嘉、南朝陶弘景、唐代李善等都在各自的著作中間接地提到過鬼谷先生。

　　美國外交家季辛吉的老師施本格樂對鬼谷子的評論是，在當時的歷史中其外交才能和外交技巧的靈活運用，必然成為當時最為有影響力的外交家。

　　我們通過對各種關於鬼谷先生論述的總結、分析，大致可以得出這樣的結論：鬼谷子確實生活在戰國時代，他是一位行蹤不定的理論家、實踐者。我們可以從蘇秦、張儀的生活年代大致推算出鬼谷先生的生活年代。他的一生給我們最重要的影響就是其縱橫之術和其鼎鼎大名的兩個高徒。他肯定不是傳說中的神仙，他只是一個把自己的智慧傳遞給別人的普通人。

　　另外大家會問，為什麼他用鬼谷子這個名字？這是一種類似於筆名的東西，這些人不願意用自己的真實姓名，故而都以「鬼谷子」自稱。

　　我們要了解一個真實的鬼谷子，務必不要把鬼谷子看成是多麼神祕的人物，更有甚者把鬼谷子理解成一個神仙或者能通天徹地的能士。只有揭開一些掩蓋在外表的虛無的東西，我們才會真正了解一個人、一些事。

孔子身世之謎

　　孔子的影響力使他成為後世人們尊稱的「至聖」。2008年北京奧運會開幕式文藝表演的主線就是「樂禮善學，尚中貴和」的儒學精髓。又一次把這位儒家學派的創始人推到了歷史的巔峰，各個國家相繼創設孔子學院更是其影響力的體現。

　　那麼這位偉大的思想家和教育家的出身一直以來卻沒有確切的定論，雖然英雄不問出處，但是作為世界文化名人，他的出身也是大家較為關注的話題。

　　第一種說法，孔子就是「私生子」。

　　《史記‧孔子世家》中這樣記載：孔子生魯昌平鄉陬邑。其先宋人也，曰孔防叔。防叔生伯夏，伯夏生叔梁紇。紇與顏氏女野合而生孔子，禱於尼丘得孔子。魯襄公二十二年而孔子生。生而首上圩頂，故因名曰丘。字仲尼，姓孔氏。蔡尚思主持編著的《孔子思想體系》一書中提到孔子的母親顏氏一直向孔子隱瞞有關其父的情況。孔子也曾對弟子們說「吾少賤也」，從上面我們可以得出孔子是私生子並不是沒有根據的。

　　第二種說法，「不合規矩的結合：謂

孔子

之野合」。

孔子的父親為叔梁紇（叔梁為字，紇為名），母親為顏徵在。叔梁紇是當時魯國有名的武士，人品出眾，建立過兩次戰功，因曾單臂托住懸門讓衝進城池的部隊撤出而聞名。曾任陬邑大夫。叔梁紇先娶妻施氏，生九女，無子。又娶妾，生一子，取名伯尼，又稱孟皮。孟皮腳有毛病，依照當時的禮儀不宜繼嗣，於是又與年輕女子顏徵在兩人生下孔子。

從這個說法中我們可以得知，叔梁紇結了兩次婚，生了九女一男（不包括孔子在內），這樣他的年齡已經很大了，但是為了傳宗接代必須還得生一個健康的兒子，他必須再結一次婚，這樣他就找到了顏氏，然後生下了孔子。司馬貞《史記索引》記載，「今此云野合者，蓋謂梁紇老而徵年少，非當壯室初笄之禮，故云野合，謂不合禮儀。」

第三種說法，「祈求賜子」、「夢孕而生」。

據《論語撰考讖》稱，孔子是黑帝之後，「叔梁紇與徵在禱尼丘山，感黑龍之精，以生仲尼」，另外在這本書裡還提到有關顏氏在夢裡懷孕生下孔子的說法。這些說法固然不靠譜，但是為了增加神祕色彩，這些言論在當時也有一定的作用。

孔聖人的出身大致有以上這幾種不同的觀點，我們只是提出來供大家品鑒。

嵇康為何被殺

　　嵇康緣何被殺？兩晉的史學家都有記載，但卻是偏頗一詞，不足全信。我們姑且從論證的角度給讀者一個獨立思考的空間，讓歷史帶我們去了解嵇康的生前死後。

　　第一種說法：禍起呂安一案，後遭鍾會陷害。

　　鑒於嵇康在魏晉時期的影響力，高幹子弟鍾會欲借嵇康之名提高自己在名士中的地位，但嵇康深惡此人，便對鍾會不予理會，由此鍾會便懷恨在心，伺機報復。偏不湊巧，嵇康的好友呂安有個漂亮的妻子，其兄呂巽垂涎弟妻美色已久，趁呂安外出，將弟妻灌醉進而姦污，並陷害其弟不孝曾毆打母親，因此呂安也身陷囹圄，嵇康為了向官府說明真相也被傳召至官府。

　　在庭審的時候一個在幕後等了很久的小人鍾會出現了，他告訴司馬昭：「嵇康，臥龍也，不可起。公無憂天下，顧以康為慮耳。」又說，當時曹氏心腹將領毋丘儉起兵造反的時候，嵇康就極力支持，嵇康、呂安平時言論放蕩，不拘禮法，有違孝道。做皇帝切不可留這樣的人，應盡早除之。帝聽會言，遂殺嵇康。

　　這個說法有很多邏輯不通的地方，第一，告呂安不孝，需要有足夠的證據，魏晉以孝治天下，不孝乃是大罪，不可妄下結論，必須有呂安母親的證詞才可定罪。第二、就當呂安不孝，但是有阮籍在母親服喪期間曾飲酒吃肉，司馬昭並沒有追究，此案為何一定要治呂安死罪呢？這就有失司法的公正性。

另外，鍾會陷害嵇康之詞也有不通之處。第一、毌丘儉反叛的時候，嵇康已移居山陽，也就是說嵇康有不在場的證據。第二、魏晉時代名士們大都蔑視禮法，狂放不羈，強調精神自由，展現個性的可愛。如若按此定罪，當誅者何止呂安一人？

　　第二種說法：政治鬥爭的犧牲品。

　　嵇康有個特殊的身分，他是曹操的孫女婿，嵇康曾在山陽一住就是十幾年，其他地方也無所謂，山陽這個地方司馬氏就比較敏感，因為漢獻帝被貶以後就曾在這裡居住過，嵇康難道是思故主？這個罪名可不輕，夠殺嵇康一千回的。

　　嵇康從來都不與司馬氏往來，好友山濤舉薦其出任吏部郎，他不光拒絕還寫了與山濤的《絕交書》。司馬昭曾欲借嵇康的影響力為自己正名，但嵇康卻以「非湯、武而薄周、孔」拒絕，這在名義上已經表達了對司馬氏篡位的駁斥。

　　更為要命的是，嵇康在當時太有影響力了，在呂安案被捕入獄以後，三千太學生請願，而且放出如不釋放嵇康，他們願意和嵇康一起坐牢的話來，這下把司馬昭給鎮住了，他沒有想到嵇康在文士中有如此之高的影響力，這嚴重地威脅到了他執政的基礎，於是他下定決心必除嵇康，而後快。也算是殺一儆百！

　　綜上，我們可以看出，嵇康的死有兩條線，一明一暗。明的一條是呂安一案，暗的是嵇康不與司馬氏合作並且反對司馬氏篡曹魏天下，兩條線就注定嵇康必遭殺身之禍。諸多兩晉的史學家掩耳盜鈴，替司馬氏掩飾罪行，而是把嵇康的死歸罪於鍾會的誣陷，這就導致很多迷信正史的人，對嵇康的死因不加懷疑，導致我們從沒有看到事實的真相。

許攸死因真相

本初豪氣蓋中華，官渡相持枉嘆嗟。

若使許攸謀見用，山河爭得屬曹家？

這是後人對許攸的評價，對三國歷史有了解的都知道，許攸的出場伴隨著一場決定三國格局形成的重要戰爭「官渡之戰」，在官渡之戰中，許攸儼然成了男主角，是他一手締造了「曹氏」的崛起。

那麼要想得到一個全面的許攸，我們不得不提到其在官渡之戰的表現，這就像一個演員在一部電視劇中的表現一樣……

官渡對峙——

袁紹方。佔盡了取得戰爭勝利的諸多因素。袁紹方直接參戰人數達9餘萬，而曹方只有3餘萬，袁紹大將有顏良、文醜坐鎮。曹方莫不能動，後來還是借助關羽之力才解決此二人。

這時候，許攸出場了，他一出場便獻出了一條令曹操鬼哭狼嚎的計策——偷襲許昌、搶走漢獻帝，進而使曹軍沒有後路加之曹操出征在外糧草接濟困難，相持過久必然如鳥獸散盡。這樣的千古奇計，袁紹竟然不用。這使得許攸徹底對袁紹喪失了信心。

許攸這個人有個毛病就是貪，他不光自己貪，還縱容家人貪，但是大家都知道袁紹帳下有審配，我不管你是誰，即使你是曹阿瞞我也敢治你的罪，就在這個節骨眼上，許攸的家人因貪贓

被審配給逮起來了。狗急了都會跳牆，許攸就這樣跳到了曹家。

　　曹操得知許攸投奔自己而來，緊鎖的眉頭一下子舒展開了，他知道許攸不來則已，既來必有救急之策。他深知許攸是個非常愛面子的人，於是給足了許攸面子，又說了好多感激涕零的話，弄得許攸舒舒服服，但是曹操的馬屁沒有白拍，許攸問：明公還有多少糧食，曹操：可供一月有餘；阿瞞休要瞞我。曹操心裡知道這傢伙對自己的情況肯定非常了解。就答軍中已無糧草。

　　許攸把偷襲許昌之計告訴曹操，曹操聽完後差點沒嚇暈。真是毒計！但是曹操也知道袁紹這個人剛愎自用，老覺得自己比任何人都聰明。許攸就獻出了同一條計裡的附加計燒掉袁軍的糧草。曹操大喜，隨命人改裝成袁軍夜襲袁軍儲糧之地烏巢（今河南封丘西），結果數萬石糧食在火海中被燒盡，結果徹底擊潰了數萬袁軍，也是經過這一仗，奠定了曹操統一北方的基礎。

　　官渡之戰後許攸多次居功自傲，輕慢曹操，曹操雖然咬牙切齒，但還是沒下殺心。

　　當曹操攻下冀州準備慶祝的時候，許攸過來，口呼曹操的小名，「阿瞞，沒有我你能打贏這場戰爭嗎？」曹操看了許攸一眼然後微微一笑，在這裡也就埋下了許攸必死的伏筆。

　　縱觀許攸短暫的一生，我們大致可以斷定其是一個專業技術人才，他很可愛，他有著極強的個性，他事主也同時給主公留下把柄，這樣也能看出來他其實深諳仕道，但是他恃才放曠，從來不把上司放在眼裡，最終導致被殺的厄運。

　　難道他不懂「飛鳥盡、良弓藏，狡兔死走狗烹的道理？」但此人在才智方面絕對出類拔萃，這個人在關鍵的時候對形勢的把握和對各方力量的估計，還是值得我們讚賞的。

　　對於許攸，也許荀彧的評價最為貼切——許攸貪而不智。

王羲之魂歸何處

　　中國的書法藝術享譽世界，歷史上大書法家層出不窮，照亮了中華文明的前行之路，其中有一位極富傳奇性的人物王羲之，別號王右軍。他文武雙全，個性鮮明，作為中國書法發展史上一位承前啟後的大家，他集各家之所長，自創平和自然，筆勢委婉含蓄、遒逸勁健的書法特色，以此有「書聖」之稱，而他的傳世之作《蘭亭集序》，成為我國書法史不可或缺的藝術瑰寶。

　　但是蘭亭一會兩年之後，王羲之因失意於政治，遂稱病辭官，至此杳無音訊，關於王羲之到底終老於什麼地方，史學家各持一言，莫衷一是。

　　一種觀點認為，王羲之稱病離去後南徙至山陰（今浙江省紹興縣），當時的紹興因得益於發達的農田水利工程，山清水秀，人物風流，王羲之深深地被這裡所吸引，曾吟出「山陰道上行，如在鏡中遊」的千古名句。後來王羲之又在這裡做官數年，因此人們認為王羲之終老於此甚合情理。

　　從《紹興縣誌》中有這樣的記述，說當時王羲之的後人，隋代高僧智永就在紹興雲門山為其先祖掃墓。但是反對這種說法的人就說，王羲之嚮往紹興的風土人情終老於此，本身就是一個猜測，另外王羲之所賞嘆的地域範圍不僅限於山陰，還包括今日的嵊縣、新昌等地。

　　智永所謂之「先祖」，雖則是可能包括王羲之在內的智永父

輩以上的祖父、曾祖等，但因未言明為誰，故不能確定紹興之墓就是其先祖王羲之。

另一種觀點認為，王羲之的終老之地在諸暨苧蘿。據《嘉泰會稽志》記載，王羲之「墓在（苧蘿）山足，有碑。孫興公為文，王子敬所書也。」

亦有《晉書·孫楚傳附綽》載：「溫、王、郗、庾諸公之薨，必須綽為碑文，然後刊石焉。」

孫綽是王羲之的好友，既然提到其為王羲之作碑文，又有「會稽志」的證實，這個說法應該比較可信。但是人們持懷疑態度的是《晉書》中的「王」是否是指王羲之？有待考證。

還有一種觀點認為嵊縣金庭——王羲之的終老之地。隨著對王羲之終老之地的考究，贊成這一觀點的學者日益增多，因為支持這個觀點的史料很多。

《浙江通志·名勝》載：王羲之的好友許詢在得知友人隱居金庭後，就搬來和王羲之做鄰居，於是王羲之就葬在金陵的孝嘉鄉濟慶寺。李白有詩云：「此中久延佇，入剡（嵊縣古稱）尋王許。」（《送王屋山人魏萬還王屋》）

王羲之

這裡面的「王」、「許」就應該是王羲之和許詢。另外還有宋人高似孫撰《剡錄》卷四載：「金庭洞天，晉右軍王羲之居焉。」又云：「王右軍墓，在縣東孝嘉鄉五十里。」此後歷代縣誌均有類似記載。

從王羲之後人主修的《金庭王

氏族譜》中有明確的記載，王羲之病逝後，他的子孫因為其喜歡金庭的風土，就把他埋在了後世子孫王鑒的宅第附近。

還有一個原因就是金庭是當時很多崇尚隱居的人喜歡去的地方，有道家七十二洞天之稱。王羲之辭官後在金陵隱居終老也是極合情理的。

有關王羲之終老之地，一直是一個懸而未決的謎語，當我們感嘆《蘭亭集序》的優美後，有關王羲之的終老之地似乎已經不那麼重要了。

永和九年歲在癸丑暮春之初會于會稽山陰之蘭亭修禊事也群賢畢至少長咸集此地有崇山峻嶺茂林修竹又有清流激湍映帶左右引以為流觴曲水

蘭亭集序拓本

駱賓王終歸何處

鵝鵝鵝，曲項向天歌。白毛浮綠水，紅掌撥清波。

一首《詠鵝》讓駱賓王成為家喻戶曉、婦孺皆知的詩人。

作為「初唐四傑」之一，他詩文並茂尤其擅寫詩作，留給我們有比如《帝京篇》等名篇，讓他名揚天下的就是其起草的討伐武則天的檄文《討武氏檄》，就連武則天看到這篇檄文後不由得感嘆「宰相安得識此人？」

公元683年，這時候的駱賓王在其老家浙江的臨海縣當一個普普通通的縣官，這一年冬天，長期病態的高宗扶鸞而去，遺詔立太子李顯為皇帝，因為高宗在位的時候，武氏已代替高宗掌握朝政達幾十年，權力的充斥使她無法放棄這至高的權柄，她廢長立幼，以便自己獨掌大權。

為了鞏固皇權，她下令排除異己並大肆誅殺唐室勳臣，並設立間諜機構，當時人人以告密自衛。整個帝國陷入了惶惶不安之中，這時的駱賓王親眼目睹了武氏集團犯下的種種惡行，心中憤懣不已，於是他就聯合當時仍握有兵權的徐敬業準備起事伐武，就誕生了《為徐敬業討武曌叫檄》這樣義正詞嚴，氣勢恢宏的檄文，並確立了「擁戴李顯，匡扶唐室」的政治主張，起義軍開始形勢很好，後因徐敬業沒有抓住有利戰機，被武則天派兵圍剿。

公元684年，這場歷時僅三個月的「起義」，就在揚州城下

宣告失敗。當天晚上駱賓王、徐敬業等人準備連夜坐船逃往高麗，由於徐敬業的部下叛變，徐敬業被殺，但是駱賓王的去向卻不為人所知。

說法一：誅殺

《資治通鑑》明確地記載了起義軍失敗後徐敬業、駱賓王被叛軍誅殺的場景；《舊唐書》也肯定了誅殺駱賓王的事實。

說法二：逃跑

《新唐書》卻記載了是駱賓王在兵敗後逃跑。

在武則天死後，李顯即位，為了表揚駱賓王為大唐江山作出的犧牲，他下令郄雲卿在全國各地蒐集有關駱賓王的詩作，並要求對其兵敗後的下落做出嚴密的調查，在兵敗後他接觸了哪些人，還有遍訪駱賓王的好友，起初郄雲卿認為駱賓王可能已被叛軍誅殺，但是隨著調查的深入和得到的線索越來越多，他便提出了逃跑這個說法。

說法三：出家

初唐著名詩人宋之問在杭州靈隱寺，碰到一個老和尚替他對了兩聯妙句：「樓觀滄海日，門聽浙江潮。」據說此人就是駱賓王。但是後有人去找再也沒有找見。

2005年，中央電視台《見證發現之旅》欄目播出專題片《駱賓王》。浙江師範大學中文系教授、駱賓王研究專家駱祥發向媒體公布了自己多年研究駱賓王下落的結果，他說駱賓王兵敗被誅殺的論證值得懷疑，因為官方的史冊完全出現兩種不同記載，這本身就值得商酌。他也提到在他家的宗譜上面也有關於駱賓王逃出後隱身在江蘇南通一帶的蘆葦蕩，輾轉一段時間後，客死南通、埋骨黃泥口的記載，終年70歲左右。

是誰殺死了李白

大鵬飛兮振八裔，中天摧兮力不濟。

余風激兮萬世，遊扶桑兮掛石袂。

後人得之傳此，仲尼亡兮誰為出涕。

這是李白臨終之作《臨終歌》。

從詩中我們可以看到詩人對自己一生坎坷經歷的回顧和總結，表達了詩人對自己遠大抱負未能實現的惋惜，也流露出了作者一生沒有知音，孤獨寂寞的境遇。

關於李白的死因，學界並沒有一個明確的答案。蒐集各種說法，經梳理之後可以概括為以下三種：

一是年老體衰，飲酒過度所致。李白一生唯有酒與其常伴，是酒讓他孤寂的心靈得以撫慰，李白因酒而灑脫，酒因李白而芬芳醇香。李白的「古來聖賢皆寂寞，唯有飲者留其名」足見酒對於李白是何等的重要。有史為證：《舊唐書·李白傳》中記載，永王謀亂，兵敗，白坐長流夜郎。後遇赦得還，竟以飲酒過度，醉死於宣城。

第二種說法：因病去世。晚唐著名文學家皮日休「竟遭腐脅疾，醉魄歸八極」，郭沫若在其《李白與杜甫》中稱，李白從夜郎釋放回來，曾遊覽金陵，肯定往來於宣城和歷陽之間。

當時李光弼鎮壓叛軍，李白欲從軍報國，可惜行至金陵便舊

病復發只能返回，第二年死於李陽冰處，逝前作《臨終歌》。

第三種說法：「撈月而死」。五代王定保《唐摭言》言：「李白著宮錦袍，遊采石江中，傲然自得，旁若無人，因醉入水中捉月而死。」這是我們見到的第一次稱李白因酒醉撈月而死的說法。這個說法符合詩人浪漫主義的性格。

以上三種說法都沒有直接而徹底的證據，但是李白的死與其參與李璘謀反有著千絲萬縷的聯繫，李白因此而被流放夜郎，後遇赦釋放不久便結束了他短暫的一生。

從正史《舊唐書》中關於李白死因的記載符合當時的情況。李白政治上的失意，他追逐一生的東西都化為泡影，他與好友泛舟於洞庭湖上，感嘆歲月的失去和人生的不得志。何以解憂，唯有飲酒。

另外，李白從軍討伐安史叛軍在正史中並沒有提到，所以不足為信。另外撈月而死更是一個民間傳說，因為李白不是死在當塗而是宣城。

李白一生視為知己和偶像的南朝詩人謝朓曾在宣城為官，李白遇赦後第一個想去的地方就是宣城。因此李白最後待的地方應該是宣城，這才是他魂牽夢縈的地方。

探求歷史的真相未必只訴求於正史或者文字，僅以此欲得真理，想必也會產生偏頗，

李白

但是我們可以縱觀李白一生的經歷，在其流放歸來後，他精神的寄託是什麼？他對自己一生的思考又是什麼？

從《臨終歌》裡我們可以看到李白對生命的感嘆和對自己不得志的感慨，試想當時的李白還會天真地去撈月嗎？況且溺死之說在李白流放夜郎的時候就已經有了。所以李白撈月而死實為傳說，不足為信。

道士陳摶與趙匡胤真的賭過華山嗎

相傳，陳摶老祖五步定得華山。

據《宋史·列傳第二百一十六·隱逸上》所載：「陳摶，字圖南，亳州真源人。始四五歲，戲渦水岸側，有青衣媼乳之，自是聰悟日益。及長，讀經史百家之言，一見成誦，悉無遺忘，頗以詩名。後唐長興中，舉進士不第，遂不求祿仕，以山水為樂。自言嘗遇孫君仿、獐皮處士二人者，高尚之人也，語摶曰：『武當山九室岩可以隱居。』摶往棲焉。因服氣辟谷歷二十餘年，但日飲酒數杯。移居華山雲台觀，又止少華石室。每寢處，多百餘日不起。」

陳摶才華橫溢，但是多次參加科考都沒能成功，於是立志永不再考。陳摶曾遊歷武當，在此地有著「一睡三年不醒」的傳奇，之後移居華山。相傳陳摶還與另外兩位傳奇人物李琪和呂洞賓有著比較親近的交往。

據說唐五代時，在趙匡胤還沒有得勢之前，他還是軍隊中一名普普通通的小兵。但是這位小卒在軍中卻有著一技之長，那就是下棋。趙匡胤棋藝了得，軍中已經別無對手，他夸夸自傲，對所有人都不正眼相看。某日趙匡胤隨軍隊經過陝西華山，聽說這裡有一名道士棋藝高超，無人能及。趙匡胤聽後心有不服，於是上山找到陳摶老祖，想要一決高低。

聽聞早在趙匡胤兒時，陳摶老祖就見過他，並且一眼認定他

趙匡胤

有著帝王之相。此次趙匡胤上山找他賽棋似乎也在陳摶的意料之中。

二人共開三盤。第一盤趙勝，得意之下要求再下一局。怎料卻敗在了第二盤棋上，趙匡胤不服氣，要求再開第三局為定局。

陳摶老祖說再來可以，但是有條件，做賭。

趙匡胤當即答曰：「以華山為賭！」陳摶就等著趙匡胤這句話出口，於是二人下了最後一盤棋，趙輸。「宋太祖三局輸華山」之說，由此而來。

趙匡胤信口開河終於輸了華山，陳摶老祖從此以華山為居，終日呼呼大睡。每當醒來一次都要問旁人現在是誰當皇帝，假如答案不是趙匡胤，陳摶便繼續倒下就睡。直到有一日陳摶睡起問罷，才知趙匡胤已坐天子之位。這時的華山已經是陳摶老道的了，此後便有「自古華山不納糧」之說。

相傳在陳摶與宋太祖下棋的那個小亭台曾經也是秦昭王與神仙下棋的地方，後漢衛叔長卿也經常在這裡下棋。

陳摶老祖一生成就卓越，有諸種名篇著述，還繪製了「太極圖」，但是陳摶與趙匡胤的一段傳奇卻並無史料記載，並沒有二人相往來的記載。想必此一段也只是民間傳說而已，越傳越神奇，之所謂神乎其神。

花蕊夫人香魂飄落之謎

花蕊夫人，後蜀主孟昶的貴妃，也是五代十國的著名女詩人，擅長宮詞。

「冰肌玉骨，自清涼無汗」──蘇軾

又有，「花不足以擬其色，蕊差堪狀其容」。

「花蕊夫人」天資聰穎，風華絕代。尤以她的詩作清新婉轉，留給後人許多佳作。

後蜀主孟昶少年風流，不諳朝政，專愛遍訪世間美女，偶見花蕊夫人，視為珍寶，賜貴妃位，封號花蕊夫人。整日沈迷後宮的蜀主安知天下大勢風雲變幻，公元964年，趙匡胤發兵攻至後蜀城下，蜀軍無一人能戰，都跟隨孟昶投降。國破家亡，花蕊夫人也隨即被宋兵押解至開封。

有詩為證：

初離蜀道心將碎，離恨綿綿。春日如年，馬上時時聞杜鵑……

後蜀主孟昶

寫了一半她已泣不成聲。

到了開封，宋太祖對花蕊夫人之名神往已久，下令召見。不見則已，一見傾心，他被花蕊夫人的花容月貌所擊倒，幾近失態，後故作鎮定地假裝指責花蕊夫人：「真是紅顏禍水，堂堂後蜀竟毀於一個婦人之手？」

花蕊夫人嚴詞道，當皇帝的不知善理朝政，沈迷酒色，以致國家衰敗，而又把這罪名強加給弱女子，是何道理？於是當場作了一首詩：

214

> 君王城上豎降旗，妾在深宮哪得知。
> 十四萬人齊解甲，寧無一個是男兒！

宋太宗趙光義

花蕊夫人的這首《述亡國詩》，悲憤中帶著不卑不亢的氣節，當時後蜀有兵14萬，竟被趙匡胤的幾萬兵打得落花流水。弱女子的幾句詩讓多少鬚眉汗顏。

太祖非常欣賞花蕊夫人的美貌和才氣，把她收納入宮。7日後，孟昶意外死亡，花蕊婦人傷心不已，在宮中看著孟昶的畫像獨自涕零。後來宋太祖駕崩，他的弟弟趙光義即位後也是垂涎花蕊夫人的美麗，欲要佔有，但花蕊夫人哪裡還

肯就範，遂被惱羞成怒的趙光義一箭射死。

關於花蕊婦人的死因，眾說紛紜。

還有兩種說法：

一是「因怨成疾」說。宋太祖對花蕊夫人有別樣的愛惜，打算立花蕊夫人為后，但是因其亡國之寵妃，不足以立后；後宋太祖立宋女為后，並且因此怠慢花蕊夫人，花蕊夫人本就無親無故，再加上長期的冷宮生活使她再也無法忍受被人遺棄的痛苦，因此產生怨疾，鬱鬱而終。

二是其懷念故主孟昶，招致殺身之禍。據說花蕊夫人在開封深宮裡每當深夜便拿起孟昶的畫像痛哭流涕以表思念之情。宋太祖知道此事後嚴加追問，花蕊夫人告訴說這是送子的張仙，這也就是民間把花蕊夫人稱為「送子娘娘」的由來，後來宋太祖還是知道了此事，怒而殺之。

花蕊婦人倒在了她生前最喜歡的芙蓉花中，鮮血把芙蓉花染得格外艷麗，人們欣賞她的才氣和氣骨，又感嘆她對愛情的忠貞不渝，民間有把花蕊婦人尊為「芙蓉花神、送子娘娘」的傳說。花蕊婦人的死因我們已經無從考證，但是覆巢之下，安有完卵。她的命運注定是個悲劇。

歐陽修是否曾作艷詞

關於歐陽修是否曾作艷詞，或純屬訛傳，抑或事出有因，期間有其政敵毀謗誣陷之成分，但也有與其年少緋聞有關。

歐陽修確實是詞作的集大成者，他的詞作承前啟後，前無古人後無來者，所以他的詞作不光量大而且種類風格林林總總，數不勝數。他的詞中有大量的所謂艷詞，但是這些詞作的作者並不全是歐陽修。而且編纂歐陽修詞集名目繁多，有《近體樂府》、《六一詞》等，那麼在收編的過程中出現大量的誤收之作，由於宋詞的高度繁榮，所以在宋詞當中張冠李戴的現象很頻繁。如果我們對一些艷詞主觀臆斷認定是歐式所作，那就違背了做學問的精神。

「見羞容斂翠，嫩臉勻紅，素腰裊娜……半掩嬌羞，語聲低顫，問道有人知麼。強整羅裙，偷回波眼」（醉蓬萊）從表面看，這顯然是北宋很普遍的艷詞。但對於歐陽修這樣的大儒來講這首詞明顯過於輕浮、淫蕩。

「江南柳，葉小未成蔭……恁時相見早留心。何況到如今。」（望江南）這首詞描寫的是幼年相識的少女，語句中有曖昧之句。此詞如若出現在柳永這樣的詞人身上，想必讀者不會驚奇，但如若把這詞託名於歐陽修這樣的詞作大儒身上，就會令人驚詫。宋代文人追求自由開放的詞風，文人風流也是當時的時代潮流，歐陽修年輕的時候估計也有風流韻事。既如此作一些戲謔遊戲的詞作也屬正常，但是沒有如《醉蓬萊》之淫蕩，《望江

南》之曖昧。有史為證：曾慥在《樂府雅詞序》中有這樣的記述：「歐公一代儒宗，風流自命，辭章窈眇，世所矜式。乃小人或作艷曲，謬為公詞。」又有，蔡絛所著《西清詩話》中道，「歐陽詞之淺近者，謂是劉輝偽作。」《名臣錄》亦謂修知貢舉，為下第舉子劉輝等所忌，以《醉蓬萊》、《望江南》詞誣之。

　　歐陽修確實寫過大量的艷詞，但是我們怎樣才能正確地認識這些艷詞，筆者認為只有把它放在特定的歷史時期，才會得到真實合理的結論。歐陽修的詩文以現實主義為主，但是其詩作以風流為主。這與宋朝的社會風氣有很大的關係，宋朝的文化定位其實很開放，追求自由，喜歡適情任性如醉翁的歐陽修，寫出大量別具風情的艷詞也就很正常了。

　　儘管歐陽修的艷詞引來一些非議，但是就從詞作的發展來說其意義非同小可。其細膩的描寫，婉轉優雅的詞風，語言清新質樸，詞中對男女情愛生活的表現手法獨特，使宋詞的發展邁向了新的台階。

　　正如前文所講，歐陽修的艷詞是特定歷史條件的產物，是宋詞中難能可貴的奇葩，我們不可以視為糟粕，更不能為賢者避諱。艷詞非但不會降低賢者的社會影響力，相反其更能真實地反映當時士大夫階層的生活。

　　我們對歐陽修的艷詞應該具體問題具體分析，不應該一言以蔽之，《近體樂府》中的一些艷詞，不僅詞風高雅，而且還有很深刻的積極意義。這些詞甚至對宋詞的發展有著重要的意義。

歐陽修

陸游與唐婉是表兄妹嗎

陸游，南宋著名愛國詩人，自言「六十年間萬首詩」，今尚存九千三百餘首，是我國現有存詩最多的詩人，生前就有「小李白」的美譽。他的一生遭受了太多的打擊，仕途上遭受當權派的排擠、愛情上也給世人留下了一聲嘆息。

唐婉，字蕙仙，生卒年月不詳。她是陸游的第一任妻子，後因陸母的原因，兩人被迫分離。關於陸游與唐婉是否是表兄妹？學界一直也是爭論不休，莫衷一是。

野史：《齊東野語》記述：「陸務觀初娶唐氏，閎之女也，於其母夫人為姑姪。」《後村詩話續集》、《耆舊續聞》亦有關於二人關係的記載，大致結論就是，陸游的母親和唐婉的父親是兄妹，也就肯定了陸游、唐婉的表兄妹關係。

但從《寶慶續會稽志》裡我們可以查證：唐婉祖籍在山陰，唐婉的父親唐閎、爺爺唐翊。但陸母是唐介的孫女，祖籍江陵。兩地相隔較遠，況且兩家並無宗親關係，所以陸游和唐婉並不是表兄妹關係。

我們可以從陸游的《渭南文集·跋唐修撰手簡》、《宋史·唐介傳》以及王珪的《華陽集·唐質肅公介墓誌銘》找到一些線索，陸母是江陵唐氏，陸母的爺爺是北宋三朝元老，所以唐介以下都有正史記載，唐介的孫子的名都是以下半從「心」字命名，即懋、願、恕、意、愚、讕，並沒五「心」的唐閎，也就是說，

唐閎並不是唐婉的父親。那麼表兄妹的關係就無從談起了。

在劉克莊的《後村詩話》有這樣的記述：「某氏改適某官，與陸氏有中外。意思是唐婉與陸游被拆散後，嫁給一個叫趙士程的人。這個趙士程和陸家有親戚。從陸游的《渭南文集‧跋唐昭宗賜錢武肅王鐵券文》、王明清的《揮後錄》以及《宋史‧宗室世系、宗室列傳、公主列傳》中我們可以得到，陸游的姨母唐氏是宋仁宗女兒秦魯國大長公主的兒媳，趙士程是秦魯國大長公主的姪孫，所以表兄妹之說實屬訛傳。

我們可以仔細地分析，陸游和唐婉確實是從小一起長大，而且青梅竹馬，既然從小一起長大，感情固然深厚，那麼在封建社會一個女子要在別人家長大，不可能沒有任何關係，就像林黛玉進大觀園一樣。那麼可以推出一個結論，陸家和唐家必定是有一定關係的，那麼表兄妹之說也就有其成立的可能性了。

另外從陸游的晚年的詩作《劍南詩稿》卷十四中我們可以得到，導致陸唐二人分離的原因是唐婉不能生育。這裡也有情理不通的地方，不能生育可以納妾，為何非要弄得生離死別。這樣也從另一個側面反映了唐婉可能不是陸母的姪女，因此表兄妹之說又陷入泥潭。

「世情薄，人情惡，雨送黃昏花易落；曉風乾，淚痕殘……」從唐婉的《釵頭鳳》中可以反映出，唐婉在橫遭不幸的時候說了句「世情薄，人情惡」，這是否從另一個側面反映了表兄妹之說純屬子虛烏有。陸游生性豪放，如若和唐婉從小一起長大，在其詩詞中必有可查之作，但我們沒有找到這樣的詩篇，但也不能否定什麼。

不論野史正史，我們考據的是論證的合理性和歷史的真實性，不可偏頗其一，也不可全信，讀者斟酌之。

于謙一生為何淒涼收場

　　中國的知識分子從來就不缺少力挽狂瀾的氣質，尤其是在民族危亡的時候。在明朝就有這麼一位從平民階層走出的硬朗人物。如果不是他在蒙古瓦剌部進犯京師的城市保衛戰中大喊「主張南遷者，罪當斬首！京師是天下的根本，一動則大勢便去。」或許明朝的歷史就得重新書寫了。但是這樣的英雄人物也難免淪為政治鬥爭的犧牲品。

　　于謙的成名作——京師保衛戰

　　明英宗正統十四年（1449年）秋，由於蒙古瓦剌部侵犯大明江山，英宗採納宦官王振的建議親自抵抗外族的侵犯，由於組織不周且前線指揮由宦官獨斷導致明軍在土木堡被瓦剌軍打敗，英宗被俘。

　　這時人心惶惶，于謙挺身而出、力排眾議，堅持「社稷為重，君為輕」的思想，九月郕王即帝位，為明景帝。

　　在瓦剌挾持英宗迫使大明偷襲計謀不成，後被于謙大敗取得了京師保衛戰的勝利。

　　景泰元年（1450年），瓦剌部向大明請和，並歸還英宗。八月，明王朝接回英宗，但是一朝不能有兩個皇帝，於是英宗就成了「上皇」，由於英宗的歸來各地政局產生了一些動盪，後都被于謙平定。

　　景泰八年，將軍石亨、左副都御史徐有貞等發動宮廷政變，

擁立英宗重登大寶，就在當天于謙就被傳命逮捕。于謙的罪名是迎立外藩、圖謀不軌，罪至當誅。

石亨曾是于謙的部下，經于謙提拔才至將軍位，在京師保衛戰中也曾立過戰功，但是此人經常藐視大明律多行不義，于謙就參劾他，由此對于謙恨之入骨。徐珵，就是後來的徐有貞，在京師被圍的時候他就是力勸遷都的一派，京師保衛戰後景泰就罷免了徐珵的官職，他後來讓于謙替自己向景泰求情，無奈景泰對徐珵極為反感，復官不成，這筆仇怨就記在了于謙頭上。

英宗作為這場鬥爭的直接受害者，他飽經瓦剌被俘之苦後歸朝後卻被封為「上皇」，但是當石亨等人力主要殺于謙的時候他說，于謙實有功。「不忍心殺害功在社稷之人」。力主要殺于謙的人就把當年其「社稷為重，君為輕」，不顧英宗死活的主張告訴了英宗，還強調：「不殺于謙，此舉為無名！」也就是說，我們剛剛擁立你做皇帝要肅清朝野，名不正則言不順，不殺于謙，有誰會承認新皇帝？這樣英宗才痛下決心殺了于謙。

同和于謙被逮捕的王文受刑不過為自己辯解，于謙高聲笑道：「亨等意耳，辯何益？」英宗在下令搜查于謙家的時候才發現，于謙的家裡除了打仗用的盔甲和劍器外，再也沒有值錢的東西了。

據史料記載，于謙死之日，陰霾四合，天下冤之。「京郊婦孺，無不泣灑」，石亨、徐有貞等要趕盡殺絕，宦官裴某救于謙的兒子逃過奸黨的追殺。還有人不顧個人生死收斂于謙的遺骸，種種忠義的舉動都告訴我們：于謙就在人們的心裡，野蠻的殺戮是阻止人們對于謙之死的悲痛。

成化初年，于謙的兒子被赦免，他上疏為父申冤，這才得以恢復于謙的官職和賜祭，皇帝的誥文裡說：「當國家多難的時

候，保衛社稷使其沒有危險，獨自堅持公道，被權臣奸臣共同嫉妒。先帝在時已經知道他的冤，而朕實在憐惜他的忠誠。」這誥文在全國各地傳頌。

弘治二年，採納了給事中孫需的意見，贈給于謙特進光祿大夫、柱國、太傅，謚號肅愍，賜在墓建祠堂，題為「旌功」，由地方有關部門年節拜祭。萬曆年中，改謚為忠肅。杭州、河南、山西都是歷代奉拜祭祀不止。

其實于謙並不需要皇帝的所謂嘉獎，因為這些所謂的天子似乎並沒有評價于謙的資格，明英宗之前有過無數的皇帝，在他之後還會有很多，而于謙是獨一無二的。

鄭板橋為何能得善終

　　鄭板橋，清代著名畫家、書法家，號稱「詩書畫」三絕，名列「揚州八怪」之首。他留給後人的「糊塗經」卻成為人們做人、經商的指導思想。

　　「糊塗經」到底有怎樣的魅力呢？

　　「聰明難，糊塗難，由聰明轉入糊塗更難。放一著，退一步，當下心安，非圖後來福報也。」

　　這就是鄭板橋的「糊塗經」。它告訴我們，一個真正聰明的人，他在別人看來是糊塗的，糊塗的人其實是很聰明的。但是一個看起來聰明的人，卻未必能達到糊塗的境界。

　　古今能夠成就大事的人，必然會經歷三個糊塗的境界。

　　第一個境界：「昨夜西風凋碧樹，獨上高樓望盡天涯路」。意思是說，那些看起來聰明的人，在世上摸爬滾打、到處碰壁，再經歷了諸多困難

鄭板橋

終於取得真經，明白了聰明反被聰明誤的道理，轉而開始思考，探求糊塗對人生的益處。

從鄭板橋的經歷我們也能看到他對這種境界的理解，他在揚州長達十年的賣畫生涯，對其以後的創作和思想產生了巨大的影響。

第二個境界：「衣帶漸寬終不悔，為伊消得人憔悴」。這個階段是最痛苦的階段，這種人生態度的轉型所帶來的痛苦是常人難以理解的。

鄭板橋中舉後，在待官六年中思考的就是執著地在這個階段徘徊。

第三個境界：「眾裡尋他千百度，驀然回首，那人卻在，燈火闌珊處」。鄭板橋終於達到最高的境界，他對糊塗的理解已經到了無心插柳柳成蔭的境界。隨心所欲便是糊塗，這樣的糊塗已經不是單純意義上的糊塗了。

鄭板橋辭官歸鄉，「一肩明月，兩袖清風」就是當時對世事豁然的表現。

世事不如意者十之八九，如果事事都爭強好勝、爭名奪利，

難得糊塗

到頭來終究會落個一場空。還不如糊塗一些，這樣我們在面臨困難和挫折的時候就不那麼認真。人生難得糊塗，糊塗了，你也就釋然了。你會在糊塗中恍然大悟，會在糊塗中超越自我，會在糊塗中得到人生的真諦。

鄭板橋在山東為官時寫下了「難得糊塗」的字幅，因為一向剛正不阿的他，在面對同僚的排擠和打壓時，無能為力。他一面嬉笑怒罵，一面卻心灰意冷。「難得糊塗」或許是他當時心情的真實體現。

其實「難得糊塗」是一種人生閱歷，只有經歷過人情冷暖、歲月滄桑的人，才能體會到這種糊塗的智慧。

心中有大目標的人自然會「大行不顧細謹，大禮不辭小讓」。有這樣底蘊的人他們常常以平常心對待周圍的人和事，他們懂得「非澹泊無以明志，非寧靜無以致遠」，他們也看透了事物、看破了人性，在紛繁複雜的世事裡，能夠坦然地以糊塗之心對待世界，何嘗不是一種大智慧，這種智慧有另外一個名字那就是「大智若愚」。

唐伯虎從未點秋香

　　唐伯虎，又名唐寅，明朝人，此人博學多能、吟詩作畫樣樣皆通，自稱江南第一才子。我們印象中唐伯虎妻妾成群，家財萬貫，少年風流，又有「唐伯虎點秋香」這樣美麗的傳說，那麼真實的唐伯虎是不是民間傳說的那樣呢？

　　唐伯虎出身商賈之家，其自幼聰明好學，唐伯虎的一生可謂命途多舛，在其20歲的時候父母、妹妹相繼去世，家境從此衰敗，幸得好友資助這才得以用心學習，功夫不負有心人，在其29歲時參加鄉試以優異的成績中得鄉試一名即解元，民間有稱唐伯虎為唐解元就因此而來。

　　30歲赴京參加會試，命運又一次捉弄了唐伯虎，他無端因科考舞弊案牽連，唐寅心灰意冷誓不踏入仕途。就在人生失意的時候，他的結髮妻子卻是個勢力之徒，眼見唐伯虎前程無望，她便提出離婚，夫妻反目。

　　就在唐伯虎最絕望的時候，蘇州名妓沈九娘出現了。她雖然來自煙花之地，但其渴望真愛，也仰慕唐伯虎的才氣，兩人相見恨晚，有情人終成眷屬，但天不遂人願，沈九娘也不久於人世，唐伯虎悲痛欲絕，發誓再不續弦。

　　「唐伯虎點秋香」這個故事最早出自明代王同軌的小說《耳談》，但是故事的主角不是唐伯虎而是蘇州才子陳元超，此人性格放蕩不羈，風流倜儻，無意中與秋香不期而遇，秋香對陳公子

嫣然一笑，遂暗生情愫，就產生了陳元超點秋香的故事。但是到了馮夢龍的手裡就成了我們熟悉的《唐解元一笑姻緣》。

故事主角的變化，其實是有深刻的社會背景的。眾所周知，唐伯虎生活在明朝經濟高速發展的時期，而蘇州恰是各種經濟、文化匯聚地。經濟基礎決定上層建築，經濟上的繁榮在文化就有相應的表現，當時的中下層知識分子有著強烈的叛逆，他們期望得到精神的自由，思想的反傳統，禮法的不拘束，他們更需要一個在精神上能給予他們嚮導的人，這樣的人必須具備勇於叛逆的精神，而唐伯虎本身天然地具備這些特點，所以各種文藝作品都把一些不拘禮法、放浪形骸形象的藍本演繹成唐伯虎的故事。

那我們再來關注秋香：歷史上卻有秋香其人，也是生活在明朝中期，但是她的年齡至少要比唐伯虎大20歲，這兩人之間要發生風流之事實難

唐伯虎的畫

理解。

秋香是何許人也？秋香實名林奴兒，是金陵名妓。據明代《畫史》中記載：「秋香學畫於史廷直，王元父二人，筆最清潤。」一個是當是才子，一個是江南名妓，如果兩人發生這麼一個點秋香的故事，那麼其爆炸性、影響力可見一斑。

與秋香接觸過的另外一個人其實和唐伯虎也有一些關係，這個人就是唐伯虎的繪畫老師沈周，按年齡推算秋香和沈周這兩個人倒也相仿，據《金陵瑣事》記載，秋香曾拜師沈周學過畫，有詩為證：臨江仙題林奴兒（即秋香）山水畫：「舞韻歌聲都折起，丹青留下芳名。」這首詩其實也有曖昧的成分，這首詩的意思是什麼呢？就是「前塵往事成雲煙消散在彼此眼前，就連說過了再見也看不見我的哀怨」。

不管是小說筆下的陳元超變為唐伯虎、還是馮夢龍的《唐解元一笑姻緣》，都是人們期望通過唐伯虎這樣的具有反叛精神的青年來傳遞中下層知識分子渴望自由、追求個性解放、警示人們要為自己的理想而奮鬥，只有這樣才能取得成功。

康有為死於何人之手

　　他曾經對清末時候的中國社會產生了重大的影響，被稱作康聖人的康有為，又名康南海。說起康有為，人們自然而然地會想到「公車上書，百日維新」等歷史事件，在毛澤東的《論人民民主專政》的文章裡稱康有為是「先進的中國人」。時至今日，還有眾多專家學者致力於研究康有為的思想和學術。

　　今天我們看到的康有為的墓地是在1985年青島市人民政府重建的墓地，但是還留有當年康聖人的墓碑，上面寫著「弟子劉海粟年90歲」。而這塊碑文上也寫得很清楚，當時康有為的兩個兒子都在上海，康有為的葬禮都是由康有為的弟子呂正文和一個稱作趙公的先生來主持操辦的。

　　從當年康有為治喪委員會的一份名單裡可以看出，這個碑文的撰寫者也在這份名單之中，所以我們要找到康聖人死因之謎，這個碑文所記載的康有為之死的過程應該是比較真實可信的。但是到底是什麼原因導致康有為之死呢？

　　說到康有為之死，我們應該回到1923年，康有為結束了其長達20年的海外漂泊流亡的生活後第二次來到青島，當時康有為重回青島可以說是落葉歸根，他每天的生活很悠然自得。真是談笑有鴻儒，往來無白丁。

　　也許因為有海外生活經歷，他可以說是遍嘗中外美食，所以他對美食有自己非常獨到的見解和追求。在當年的青島，康有為

完全可以稱作是天字第一號的美食家，康有為經常會時不時地光顧青島有名的飯店，各家飯店都盼望康有為能到自己的飯店裡吃飯，但是康有為萬萬沒有想到自己的這點愛好和享受竟然會讓他命喪黃泉。

1927年3月的某一天晚上，康有為來到了當年青島中山路附近的一家粵菜館——英記酒樓去吃飯，康有為是廣東人，在山東能吃到自己家鄉菜，康有為心裡也是著實地高興，飯後他意猶未盡，他又喝了一杯橙汁……

1927年3月31日的凌晨5：30分，康有為在其臥室與世長辭，享年70歲。康有為撒手人寰，卻給世人留下了一個千古之謎，康有為在青島離奇地死亡，原因眾說紛紜。但是所有這些說法似乎都有一種暗示，那就是康有為是被人下毒致死的，那麼究竟是什麼人下毒要害南海先生呢？

第一種說法：國民黨特務下毒。這個說法來自康有為的女兒康同璧。但是迄今為止沒有任何證據證明這個說法的真實性。

第二種說法：慈禧太后生前派出殺手殺害康有為。據說在「戊戌變法」失敗後，慈禧太后賞銀10萬兩出京刺殺康有為，其中有一個叫做巫仿的殺手跟隨康有為20多年，一直尋找刺殺的機會，終於在青島得逞了。

康有為

第三種說法：日本人下毒。但是這個說法也是毫無證據。

第四種說法：食物中毒。現在大家一致比較贊成的說法是食物中毒。根據現代醫學最新的研究發現，海鮮含有比較豐富的蛋白質和鈣等一些營養物質，而橙汁裡面含有大量的維生素C，如果這兩樣東西同時吃進去，會將我們身體裡原本沒有毒性的砷轉化成對人體有害的砷，這個砷的另一個名字就是砒霜。

魯菜和粵菜都是以製作海產品著稱於世的，所以在山東康有為去吃魯菜和粵菜，他的這頓飯裡應該有海產品，這樣這個食物中毒的解釋就非常合理了。

康有為死亡的真正原因，一直是一個謎，但是也許我們永遠也找不到真實的原因了，也許這個原因已經並不那麼重要了。

徐志摩留下的謎團

你去，我也走，我們在此分手；
你上那一條大路，你放心走，
你看那街燈一直亮到天邊，
你只消跟從這光明的直線！
……
有那顆不夜的明珠，我愛——你！
——徐志摩去世前寫給林徽因的一首詩
你真的走了，明天？那我，那我，……
你也不用管，遲早有那一天；
你願意記著我，就記著我，
要不然趁早忘了這世界上
……
但願你為我多放光明，隔著夜，
隔著天，通著戀愛的靈犀一點……

以上幾句是徐志摩寫給妻子陸小曼的詩。

徐志摩一生的感情生活和這兩位女士是分不開的，一個是與之發生淡淡純情的林徽因，一個是曾經的嬌妻，時光匆匆走過，留下徐志摩孤獨的身影。就連徐志摩的死也是和這兩位有千絲萬縷的聯繫。當時由於陸小曼在上海的揮霍無度，數次催促徐志摩

回上海，兩人一見面就吵架，徐志摩負氣出走，為了趕上林徽因在北京做的關於中國古代建築的演講，他搭乘一架郵政機飛往北京，後因大霧影響飛機墜機，徐志摩不幸遇難，時間是1931年11月19日。

故事沒有就這麼結束，因為在這之前也就是1925年3月，徐志摩曾把一個小提箱交給了著名作家凌叔華，並說，如果哪一天我不幸去世，望凌叔華給他寫一個傳記，並說箱子裡裝的就是寫傳記的素材。

那麼箱子裡到底裝的是什麼呢？我們從凌叔華寫給胡適的一封信裡得到這樣的信息：箱裡的東西不能給陸小曼看，箱子裡有徐志摩的日記外加陸小曼的兩本日記。徐志摩的日記裡有當年和林徽因的戀情，陸小曼的日記內容卻以罵林徽因的居多，令她著實為難。

徐志摩身後留有一個箱子的消息不脛而走，人們都對箱子裡的東西產生了極大的好奇，尤其是這兩位女士，陸小曼因為想寫

徐志摩

有關徐志摩日記集，所以急需得到第一手資料；而林徽因不想讓徐的日記公開，所以她比陸小曼更想得到這個箱子。

林徽因知道憑自己始終無法得到箱子，她便請胡適做中間人。胡適以要為徐志摩整理出書為藉口向凌叔華索要箱子，凌叔華想到自己也是受亡人所托，不能隨便將故人的東西轉贈他人，她便把徐志摩日記中一些涉及林徽因的部分私藏起來，其餘部分交

233

給了胡適。並要求胡適把這些東西轉交給陸小曼，但是胡適並沒有這麼照辦，而是把箱子直接交給了林徽因。

陸小曼

林徽因如願得到箱子，但是她萬萬沒有想到徐志摩的日記只有半冊，她便把此事告訴胡適，胡適寫信告訴凌叔華，希望她把其餘部分也交給他，因為只有這樣才不至於材料分散會導致研究不便，況且大家都藏一部分資料會使朋友們之間產生嫌隙。另外，胡適還答應給凌叔華有關徐志摩日記的副本。在胡適的軟硬兼施下，凌叔華最終還是把這些資料給了胡適。

凌叔華最後得知自己上當受騙，就寫信給胡適，「我因聽說你把箱子已給林徽因，很是著急，裡面有小曼的日記，是非很多，但是已經這樣，就不必再說了。」

故事的主角相繼都去世了，但是徐志摩留給後人的這個箱子以及箱子裡的日記最終花落誰家，卻無從知曉，至今卻成了一個無法解開的謎了。

〈本卷 終〉

國家圖書館出版品預行編目資料

歷史處處是懸疑，趙逸君主編，
　初版，新北市，新視野 New Vision，2020.04
　　面；　公分 --
　　ISBN 978-986-98808-0-0 （平裝）
1.中國史　2.通俗史話

610.9　　　　　　　　　　　　　　　　109001489

歷史處處是懸疑

趙逸君　主編

出　　版　新視野 New Vision
編　　著　宿春禮、邢群麟
製　　作　新潮社文化事業有限公司
　　　　　電話 02-8666-5711
　　　　　傳真 02-8666-5833
　　　　　E-mail：service@xcsbook.com.tw

印前作業　東豪印刷事業有限公司
印刷作業　福霖印刷有限公司

總 經 銷　聯合發行股份有限公司
　　　　　新北市新店區寶橋路 235 巷 6 弄 6 號 2F
　　　　　電話 02-2917-8022
　　　　　傳真 02-2915-6275

初版一刷　2020 年 05 月